Von der Kunst, Locken auf Glatzen zu drehen

Daniela F. Mayr
Klaus O. Mayr

Von der Kunst, Locken auf Glatzen zu drehen

Eine illustrierte
Kulturgeschichte
der menschlichen
Haarpracht

EICHBORN▸BERLIN

© Eichborn AG, Frankfurt am Main 2003
Lektorat: Esther Kormann
Umschlaggestaltung: Moni Port
unter Verwendung eines Gemäldes von Moise Kisling (1891–1953):
»Bildnis Rosine Fels«, 1938, Öl auf Leinwand, 78 x 58 cm © AKG
Satz: Fotosatz Reinhard Amann, Aichstetten
Druck und Bindung: Fuldaer Verlagsagentur, Fulda
(Eichborn Berlin)
ISBN: 3-8218-0734-2

Verlagsverzeichnis schickt gern:
Eichborn Verlag, Kaiserstraße 66, D-60329 Frankfurt am Main
www.eichborn.de

Inhalt

1. **Der Bart ist ab**   7
   Die bärtige Linke 8 / Die glattrasierte Rechte 11 / Herrscherbärte 14 / Die Geschichte der Rasur 17 / Barbaren und Langobarden 20 / Der Bart der Kirche 21 / Heilige Bärte 22 / Bärtiger Gottesstaat 28 / Wolfsfrauen 31 / Streit um des Kaisers Bart 37

2. **Der Zwang zur Glätte**   39
   Die Geschichte der Körperrasur 40 / Badekultur 45 / Das Ideal des glatten Körpers in der Kunst 47 / Augenbrauen 58 / Wimpern 60

3. **Der Frisiersalon**   63
   Friseurskandale 63 / Der erste Frisiersalon 68 / Die Bader 70 / Die Perücke 75 / Die Biofrisur 83 / Big Hair 86

4. **Rote Haare**   89
   Die roten Sechziger 89 / Maria Stuart und Eleonore von Aquitanien 94 / Rote Hexen 99

5. **Die Macht des Haares**   105
   Haube und Schleier 105 / Die Verführungskraft des Haares 111 / Von langhaarigen Königen 116

6. **Die Macht der Glatze**   121
   Perücken-Pracht 123 / Die Angst vor der Glatze 124 / Mo Mowlam 126 / Hollywoods Glatzen 128 / Staatshäupter 130

Personenregister   135
Sachregister   141
Literatur   145

1. KAPITEL: DER BART IST AB

Mögen sich Philosophen, Anthropologen und Kulturkritiker auch darüber streiten, was »das Beste im Mann« ist, für »das Beste am Mann« hält die moderne Konsumgüterindustrie seit Jahrzehnten die passenden Produkte bereit – die Angebotspalette von Gillette. Glaubt man den Bildern und Sprüchen der Werbung und den Produkttestern, die ihre Meinung im Internet darlegen, wird die Rasur fast zu einem erotischen Erlebnis: »Ich muß sagen, ich bin total begeistert! Ein haselnußgroßer Klecks Gel in die Hand, einige Tropfen Wasser hinzu, und durch Reiben der Hände oder unter Zuhilfenahme eines Pinsels entstehen Unmengen von sehr weichem und festen Schaum. Auf der Haut fühlt der sich extrem gut an, kühl und erfrischend; das Rasiermesser flutscht nur so über die Haut, der Geruch ist ausgesprochen angenehm, und die Geldose wird auch nach Wochen nicht leer; das alles für € 1,90 für eine 200 ml Dose; was will man(n) mehr?«

Offensichtlich wollen viele Männer genau das. Vor allem junge Männer folgen dem zeitgeistigen Trend, ihre Gesichtshaare nach den rasch wechselnden ästhetischen Vorgaben der omnipräsenten Mode-, Musik- und Filmindustrie zu formen. Mit ihren Bärten ahmen sie sie nach, die Stars wie Johnny Depp, Tom Waits oder John Travolta. Ein politisches Bekenntnis, außer jenes der Konformität mit konsumierbaren Bildern, läßt sich allerdings aus diesen Moden für niemanden mehr zwingend ableiten. Die politische Ästhetik des

Widerstandes, wie sie die Bärte von Che Guevara, Fidel Castro, Ho Tschi Minh, Leo Trotzki, Lenin, Friedrich Engels oder Karl Marx einst repräsentierten, gehört in ihrer Vorbildwirkung für Generationen von linken Männern längst einer unwiederbringlichen Vergangenheit an.

Die bärtige Linke

Verkündete nicht einst Fidel Castro in einem Interview mit dem brasilianischen Rundfunk stolz, daß er sich nur deshalb nicht rasiere, um die dadurch gewonnenen zehn Tage im Jahr nützlichen revolutionären Dingen zu widmen? Der US-Reporterin Barbara Walters gegenüber hatte er noch eingestanden, daß der wahre Grund für seinen Vollbart der Mangel an Gillette-Rasierklingen gewesen sei, nachdem er die Revolution glattrasiert angezettelt hatte. Die bartlos gewordene Linke Europas mit ihren wenigen verbliebenen Regierungschefs wie Tony Blair, Gerhard Schröder, Paavo Lipponen und Göran Persson (sowie dem Obmann der oppositionellen Sozialdemokraten in Österreich, Alfred Gusenbauer, einstmals stolzer Träger eines beachtlichen Vollbartes in Che-Tradition) signalisiert inzwischen auch optisch die Indifferenz zwischen den politischen Ideologien.

Nur ein Provinzpolitiker wie der inzwischen abgelöste Tiroler SPÖ-Vorsitzende Prock versuchte noch durch einen demonstrativ zur Schau getragenen Dreitagebart seinen persönlichen Widerstand gegenüber bürgerlichen Konventionen zu dokumentieren, ohne allerdings dadurch seine Politik für den »kleinen Mann« glaubhafter machen zu können. Diese Inszenierung für die Klatschkolumnen bzw. Reportagen im Fernsehen mußte mißlingen, da seit *Miami Vice* – und damit seit nunmehr zwanzig Jahren – nicht nur die mediterranen Schönlinge einen Schatten im Gesicht tragen, ohne deswegen als engagierte Vertreter irgendeiner sozialen Sache zu gelten. Weitaus länger währte die Bartmode im Umkreis der politischen Kleinparteien, die sich in Opposition zur Normenordnung sahen. So gilt der Rauschebart des Vorarlberger Grünenabgeordneten und Biobauern Kaspanaze Sima als Zeichen einer dogmatischen Bewegung innerhalb der Grünen, die den ökologischen Widerstand mit einer bewußten Körperideologie verbindet und nicht bereit ist, sich an den Konventionen der Mehrheit zu orientieren. Es darf daher auch nicht verwundern, wenn der Wiener Grünenpolitiker Christoph Chorherr bei seinem Wandel vom Fundi zum urban mondänen Realo seinen Bart abrasierte und daß Joschka Fischer – im Unterschied zu Jürgen Trittin – als Politiker nie einen Bart trug.

Selbst in den ehemaligen Staaten des real existierenden Sozialismus wollten die Herrschenden ab einem gewissen Zeitpunkt der Machtstabilisierung nicht mehr der Ikonographie der selbstgewählten Heroen, der Ahnherren des Sozialismus oder der bürgerlichen Revolutionäre folgen. Nach Stalins Tod erfolgte die ästhetische Neuorientierung der Mächtigen in der Sowjetunion, der vor allem die italienischen Kommunisten lange Zeit widerstanden. Es war der ewige Kommunist Peppone, der den veränderten Zeichen der Zeit nicht folgen wollte und sich allen modischen Widrigkeiten zum Trotz als Schnauzbärtiger mit dem glattrasierten Don Camillo befehdete. In den osteuropäischen Satellitenstaaten trat der angesprochene Erscheinungswandel hingegen mit der Ablösung der ersten Generation von Machthabern ein. Das Gesicht der Staatsrevolutionäre begann sich zu wandeln, nachdem der Bart seit der Revolution von 1830 zum Erscheinungsbild der Revolutionäre schlechthin gehört hatte und die studentischen Barrikadenkämpfer von 1848 demonstrativ einen Vollbart getragen hatten. Die französischen Revolutionäre von 1789 und die amerikanischen Unabhängigkeitskämpfer hatten sich von ihren Unterdrückern zuvor nur durch die Kleidung, nicht aber durch die Stilisierung des Körpers unterschieden.

Von Karl Marx und Friedrich Engels über Wilhelm Liebknecht, Walter Ulbricht bis zu Erich Honecker – der Bart verschwindet aus den Gesichtern der linken Spitze.

In der ersten Hälfte des 19. Jahrhunderts war die Bartmode so sehr mit dem bürgerlichen Widerstand gegen das *Ancien Régime* identisch, daß Vollbärte in konservativen Schmähschriften herablassend als »Demokratenbärte« bezeichnet und in einigen deutschen Kleinstaaten deswegen sogar verboten wurden: So erließ Hessen im Jahr 1831 ein derartiges Verbot und erneuerte 1857 das »höchste Rescript, wonach das den Civildienern erlassene Verbot des Tragens von Schnurrbärten von sogenannten polnischen Judenbärten Anwendung findet und von den Civildienern dergleichen Bärte sowie Schnurrbärte nicht getragen werden sollte.«

Die Beamten, selbst die Professoren an den Universitäten, mußten glattrasiert ihren Dienst verrichten oder hatten ihn zu quittieren. Der »Professorenbart«, ein typisches Kennzeichen dieses Berufstandes und anderer Intellektuellen im 19. Jahrhundert, hat seinen Ursprung in diesen Jahren und überdauerte die konservative Wende an den Universitäten.

Von Ferdinand Lassalle über August Bebel und Kautsky bis hin zu Walter Ulbricht trugen die Führer der deutschen Linken Bärte. Erst Erich Honecker, der die neue Generation der Machthaber versinnbildlichte, insistierte nach seinem politischen Aufstieg nachdrücklich bei allen Mitgliedern des Politbüros auf einer makellosen Rasur. Nicht ohne eine gewisse Ironie ist hinzuzufügen, daß die Bespitzelung von homosexuellen Bürgern in der DDR durch die Stasi unter dem Deckmantel »Operation After-shave« erfolgte. Die geschichtskräftige Antithese zur herrschenden Macht verwirklichte sich, als dieses Regime schließlich auf Druck einer unorthodoxen Bürgerrechtsbewegung, deren männliche Führer sehr bewußt ungepflegte Bärte trugen, seine staatliche Autorität und Legitimität verlor. Der amtierende deutsche Bundestagspräsident Thierse, der aus dieser undogmatischen Bewegung stammt, trägt noch heute seinen Bart – zum Leidwesen des Protokolls –, jenseits der geltenden ästhetischen Normen.

Auch die persönliche Inszenierung des polnischen Diktators General Jaruzelski hob sich in spektakulärer Weise von der seines Widersachers Lech Walesa ab. Während der katholische Gewerkschafter bis in den Sommer des Jahres 2002 stolz den traditionellen Bart der polnischen Bauern und Arbeiter trug, wies sein Widerpart das glattrasierte Gesicht eines Soldaten auf, der sich vordergründig keiner nationalen Ideologie verpflichtet fühlt. Walesas Entscheidung für die Rasur brachte den wenig beachteten Politpensionisten wieder in die internationalen Zeitungen, die sogleich zahlreiche Mutmaßungen über seine Motive, von privaten bis hin zu politischen, anstellten. Manche polnischen Journalisten der Regenbogenpresse verdächtigten ihn, einen zweiten persönlichen Frühling erleben zu wollen. Politische Kommentatoren, die eine Wiederkehr des ehemaligen Staatspräsidenten in die politische Arena befürchteten, sahen darin hingegen den Versuch einer Anpassung Walesas an die westlichen Modetrends. Am Vorabend des Beitritts Polens zur EU, so lautete eine Interpretation, wolle er sich persönlich der Norm der neuen Politikklasse angleichen und damit zumindest optisch kein Relikt vergangener Tage mehr sein. Trotz des offensichtlichen Sieges der bärtigen Bürgerrechtler im Osten sollte diese Ästhetik der »anderen Revolution« niemanden im Westen begeistern oder gar zur Nachahmung anleiten. Das Gegenteil war der Fall. Die Linke verachtete Walesa und seine antikommunistischen Gewerkschafter und Bürgerrechtler als reaktionär, die europäische Rechte, ja selbst die demokratische Mitte zweifelte vor allem an deren Salonfähigkeit. Sie mißtraute ihnen wegen der aus der katholischen Sozialethik stammenden Kritik an der freien Marktwirtschaft. Manch einer in den Reihen der Rechten sah zudem sein rassistisches Vorurteil bestätigt, daß mit »den Slawen«, insbesondere »den Polen« kein funktionierender Staat und keine funktionierende Wirtschaft zu machen sei.

Die glattrasierte Rechte

Die demokratische Rechte Europas entwickelte nach dem Zweiten Weltkrieg keine eigenständige Ästhetik mehr, in der Bärtigkeit Platz gehabt hätte. Zu sehr orientierte sie sich ungebrochen am Ideal des glatten soldatischen Körpers der Kriegsgeneration. Keine zivile Institution hatte es vermocht, in Europa, in den USA und den anderen Teilen der Welt derart nachhaltig eine uniforme Körperästhetik zu schaffen wie das Militär. Dabei ist anzumerken, daß im Ersten

Weltkrieg nur die amerikanischen Soldaten glattrasiert auf den Schlachtfeldern hingemetzelt wurden. Rechtzeitig vor Beginn des großen Krieges hatte die Firma Gillette es vermocht, einen Exklusivvertrag mit dem US-Militär abzuschließen und die Armee des größten Landes der Welt mit einer enormen Anzahl an Toilettenartikeln auszustatten. Mit diesem Kontrakt und dem Sieg der Alliierten war gleichzeitig die Geburtsstunde des Soldatentypus des 20. Jahrhunderts eingeläutet worden. Im 19. Jahrhundert hatten, wenngleich unter anderen logistischen Bedingungen, abweichende Regeln den Soldatenkörper beherrscht. Seit dem für England erfolgreichen Krimkrieg hatten die britischen Soldaten stolz einen Bart, zumindest einen Schnurrbart, getragen. Ursächlich steht diese Imitation der Helden aber in Zusammenhang mit den katastrophalen hygienischen Verhältnissen auf der Krim, wo sie sich schlicht nicht rasieren konnten. Nach dem Sieg war dieser Umstand dann schnell vergessen.

Gilette Werbung um 1910, Gilette Deutschland GmbH.

Ausgenommen von der bürgerlichen Respektabilität der Glattrasur sind heute lediglich die Repräsentanten der konservativsten Klientel der Rechtsparteien, die Bauern. Von der lokalen Ebene der Gemeindeverwaltung bis hin zur Vertretung in der Europäischen Kommission tragen sie stolz den als antiquiert angesehenen Vollbart. So ließ sich selbst der EU-Landwirtschaftskommissar Franz Fischler nicht durch die vorherrschende Ästhetik in Brüssel zur Rasur verleiten.

Die Führungsgestalten der nationalistischen Rechten am Balkan hingegen erinnern mit ihren Voll- und Schnauzbärten gerne an die Ästhetik ihrer sagenumwobenen Heroen und imaginierten nationalen Gründungshelden. Vor allem aber lassen sie das Bild des Tschetnikkämpfers aus der Zeit des Zweiten Weltkrieges wieder aufleben. Der serbische Extremist Vuk Draskovic, der in Rhetorik und Habitus am unmittelbarsten auf die Untergrundarmee zurückgriff, rief alle »wahrhaften Patrioten« Serbiens zum Tragen des Vollbartes auf, um damit ein Zeichen gegen die Verwestlichung und damit Verweichlichung der Nation zu setzen. Serben sollten sich von den papistischen Kroaten unterscheiden, lautete seine Kampfparole. Konzilianter in der Tonart, aber ebenso hart in der Verurteilung der westlichen Dekadenz, gibt sich der ewige russische Dissident Alexander Solschenizyn. Er, der sich als der wahre Vertreter der russischen Geschichte und Seele begreift, verweigert seit der Befreiung aus dem Gulag die Rasur und stellt sich damit in die Körpertradition der traditionell gebliebenen russischen Bevölkerung.

Nur in einer Form repräsentiert der Bart in unserem kulturellen Verständnis auch heute noch eine dezidierte und leicht erkennbare politische Aussage – in der Form des Hitlerbärtchens. Bis zum Aufstieg der NSDAP zur Massenpartei und der Machtergreifung Adolf Hitlers besaß das »Hitlerbärtchen« keinerlei politische Konnotation und wurde von Zeitgenossen aller politischen Couleurs getragen. Unter Hitlers Diktatur wurde es zum Kennzeichen des »Führers« schlechthin. Weil Hitlers Position im Dritten Reich unantastbar und einzigartig war, wurde sein Aussehen nicht von seinen Parteifreunden kopiert. Seine Gegner schworen gleichfalls dieser speziellen Bartmode ab. Ja, auch nach der militärischen Niederlage Deutschlands im Zweiten Weltkrieg wagen es bis heute selbst die strammsten Recken des Deutschnationalismus oder des Neofaschismus kaum mehr, den Hitlerbart in der Öffentlichkeit zur Schau zu stellen. Die neofaschistische Szene bevorzugt heute den Skin-Look. Das kleine Bärtchen erregt sofort öffentliche Aufmerksamkeit, wie die Provokation des Aktionskünstlers Hubsi Kramar in Wien nach der Bildung der Schwarzblauen Regierung im Jahr 2000 zeigte. Mit Hitlerbärtchen und ordenbehangen mischte er sich in die noble Wiener Gesellschaft des Opernballs, sehr zum Mißfallen der Polizei, jedoch zum morbiden Gaudium des Publikums.

Lediglich zu Wahlkampfzeiten werden die Plakate der populistischen rechten Kandidaten regelmäßig mit einigen schwarzen Strichen im Bereich der Oberlippe verunziert, um ein hilfloses Signal des demokratischen Widerstandes gegen deren Ideologie zu setzen. Die Anspielung auf die Züge des Diktators in den Gesichtern von Politikern, ob diese nun Jean-Marie LePen, Christoph Blocher oder Jörg Haider heißen mögen, beeinflußt indes deren Wahltriumph längst nicht mehr. Australische Demonstranten trugen im Winter 2000 vor der österreichischen Botschaft Transparente mit der Aufschrift »Ihm fehlt nur noch der Bart«.

Herrscherbärte

Während der Hitlerbart der öffentlichen Ächtung anheimfiel, verkamen die Bartmoden der einstmals großen Herrscher mehr oder weniger zum Kitsch der Tourismusindustrie. Der Kaiser-Franz-Joseph-Backenbart schmückt nur noch die Statisten der mitteleuropäischen K.-u.-k-Nostalgie in Bad Ischl und Wien oder die Mitglieder der Industriellenfamilie Mautner-Markhof. Der Kaiser-Wilhelm-Bart wie auch der Hindenburg-Bart werden inzwischen kaum mehr mit ihren großen Trägern identifiziert, und die distinguierte Bartmode Napoleons III. tradiert nur noch in karikierender Weise der Münchner Modezar Moshammer.

Die wenigen noch regierenden Monarchen oder Prinzgemahle der Monarchinnen haben sich in ihrem optischen Erscheinungsbild schon längst an das Vorbild der gewählten Politiker angepaßt. Nur

Napoleon III., Kaiser der Franzosen (Lithografie von Metzmacher, 1859)

den ewigen Thronanwärter Otto von Habsburg ziert seit seiner frühesten Jugend ein kleiner Bart. Die Zeiten, da Herrscher Bartmoden kreierten, sind endgültig vorbei. Die Jugend folgt heute bereitwilliger Johnny Depp und anderen Hollywoodgrößen .

Politiker, die einstmals mit ihren Bärten Macht und Weisheit zu symbolisieren trachteten, setzen in der Mediengesellschaft lieber auf ihre künstlich strahlend weißen und makellosen Zähne und das breite, nichtssagende, Optimismus verbreitende Lächeln. Ohne Zweifel ist ein Grund für das Schwinden der Bartmode der Kult der ewigen Jugend – Bärte lassen Männer älter erscheinen. Einzig und allein der Palästinenserführer Yassir Arafat betritt noch immer wie vor Jahrzehnten als unrasierter Mann die politische Bühne. Der Kämpfer, der einst geschworen hatte, erst nach der Rückkehr in seine Heimat und deren Befreiung zum Rasiermesser zu greifen, vermag dieses Versprechen nun nicht mehr einzuhalten, zu sehr ist er zur Ikone seiner selbst geworden.

Bartformen (Herders-Konversationslexikon, 1931)

Da sich in unserem Kulturraum 95% der Männer regelmäßig glatt rasieren, ist der Bart eigentlich zum ästhetischen Randphänomen verkommen. Das glattrasierte Gesicht repräsentiert in Mitteleuropa inzwischen die Konformität und die Bereitschaft zur Assimilation. Die Unrasierten, die schlecht Rasierten oder die bärtigen Jünglinge und Männer werden oftmals als fremde Erscheinungen im öffentlichen Leben wahrgenommen. Längst vergangen sind die Zeiten, da sich konservative Kreise empörten, weil die männliche Jugend den »deutschen« Vollbart nicht mehr

Bartformen
1 Babylonische Fräse. – 2 Assyrischer Vollbart. – 3 Ägyptischer Königsbart. – 4. Griechischer Bart. – 5 Germanischer Bart. – 6 Fränkischer Bart. – 7 Bart im 16. Jahrhundert (1. Hälfte). – 8 Bart nach Heinrich IV. von Frankreich (»Herny IV«). – 9 Sogenannte Fliege. – 10 Kotelett-Bart. – 11 Demokratenbart. – 12 Bart nach Napoleon III. – 13 Sogenannter W-Bart. – 14 Schnurrbart »Es ist erreicht«. –

tragen wollte, sondern die modischeren Schnauz-, Schnurr- und Kinnbärte der Italiener und Franzosen, der »Welschen« also, imitierte. Für die bartlos gewordene Mehrheitsgesellschaft wie auch die bärtigen Minderheiten fungiert das Gesichtshaar als negatives, umgekehrt aber auch als ein bekennendes Zeichen. Insbesondere islamische, orthodoxe und jüdische Männer widersetzen sich dem Diktat der Glätte.

Die Geschichte der Rasur

Die Geschichte des Rasierens ist Teil des zivilisatorischen Prozesses und beginnt vor rund 20 000 Jahren, wie archäologische Funde von Steinklingen zum Rasieren beweisen. Die spezifischen Traditionen des Judentums können bis in die Zeit der babylonischen Gefangenschaft zurückverfolgt werden.

Im Judentum wie auch bei den anderen orientalischen Völkern gilt der Bart als Inbegriff der Kraft und als ein Symbol der von Gott gegebenen Männlichkeit. Das alttestamentarische *Buch der Könige* liefert hierfür ein bezeichnendes literarisches Dokument. Um die Israeliten zu kränken, scheren die verfeindeten Ammoniter den Boten König Davids den Bart zur Hälfte ab (2 Kön. 10.4). Im orthodoxen Judentum regeln auch heute noch strenge rituelle Gesetze die Pflege des Bartes. So darf er unter keinen Umständen mit einer Schere geschnitten werden. Den Gesetzen entsprechend schreibt die rabbinische Tradition sein Abbrennen vor. In den alttestamentarischen Texten wird die Rasur als ein besonders verwerflicher Akt verurteilt, da er die Männer in ihrem Erscheinungsbild den heidnischen Priestern ähnlich macht. Erlaubt war daher nur eine Verkürzung, und zwar lediglich als ein sichtbares Zeichen der Trauer; in allen anderen Fällen galt die Beschneidung des Bartes als erstes Anzeichen von Verrücktheit. Das Berühren des Bartes durch eine fremde Frau stellt in dieser religiösen Kultur heute noch eine schwere und kaum wiedergutzumachende Demütigung des Mannes dar.

Innerhalb der antiken jüdischen Gesellschaft, die einen hohen Grad an Nomadizität aufwies, war der Bart der Männer die Normalität, gab es doch zuwenig Zeit und Wasser, um ihn regelmäßig zu kürzen und gründlich zu pflegen. Anders hingegen waren die Bedingungen im pharaonischen Ägypten, mit dem Israel in einem regen kulturellen Austausch stand. Die Gesellschaft am Nil wies einen hohen Grad an Seßhaftigkeit auf und verfügte über einen fast unermeßlichen Vorrat an Wasser, was die regelmäßige Körperhygiene erleichterte.

Der Bart, wenngleich nur der am Kinn und niemals der Vollbart, verhieß jedoch auch in Ägypten Macht und war deshalb einzig den Pharaonen vorbehalten. In Ermangelung solcher echten Gesichtshaare konnten sie ersatzhalber am Kinn aufgeklebt werden. Daher trugen selbst die großen Pharaoninnen diesen Gesichtsschmuck als Zeichen ihrer legitimen Herrschaft. Der Bart galt als symbolisches Vorrecht der Götter und des Herrschers, weswegen kein unrasierter Mann in die Nähe des Herrschers kommen durfte. Dieses Gebot wird in der biblischen Josephsgeschichte ausführlich geschildert. Ehe Joseph aus seinem Gefängnis befreit und zum Pharao geführt wurde, mußte er sich einer gründlichen Rasur unterziehen.

Die ägyptische Mode der Glattrasur, die den ganzen Körper betraf, wurde von den nachfolgenden Hochkulturen der Griechen weitgehend und von den Römern bedingt übernommen. Nur den ältesten und damit vornehmsten Göttern des Olymps, Zeus, Hades und Poseidon, war der Bart gestattet, während die jungen Olympier in ihrer Ikonographie weitgehend bartlos blieben, sieht man vom behinderten Hephaistos ab. Bärte, zumal die ergrauten, signalisierten im antiken Griechenland wie auch im Judentum Alter, Weisheit und Würde. Die Denkmäler für die griechischen Philosophen zeigten diese Männer deshalb auch bärtig.

In der älteren griechischen Mythologie galt der Bart als Sitz der Weisheit und des Lebens. Indem ein Schwörender seine Hand auf den Bart oder das Knie einer Zeusstatue legte, bezeugte er die Ernsthaftigkeit und die Wahrhaftigkeit seiner Aussage. Ähnliche Schwurformeln wurden noch bis ins Hochmittelalter gepflegt. Die frühmittelalterlichen Herrscher wurden daher in ihrer Richterfunktion immer bärtig dargestellt, unabhängig davon, ob sie tatsächlich einen

Bart trugen oder nicht. So wurde zum Beispiel Kaiser Otto III. (980–1002) bereits als Dreijähriger auf seinen ersten Siegeln älter und mit einem Vollbart dargestellt.

Der Totenglaube der Griechen maß dem Bart gleichfalls eine besondere Funktion zu, weil der Bart der Inbegriff des Lebens war. Der Führer in das Reich der Finsternis, Charon, verlangte deshalb für die Überfahrt der verstorbenen Männer den Bart als Lohn. Einen Toten zu rasieren bedeutete, ihm den Eintritt in das Totenreich, in die Ewigkeit, zu verwehren. Erst zu späterer Zeit legte man den Toten eine Münze zur Bezahlung der Überfahrt in den Mund.

Der Glaube an die vom Bart ausgehende Vitalität hielt sich bis ins Hochmittelalter und fand Eingang in die historische Sagenwelt. Der entrückte, nie verstorbene Friedrich Barbarossa soll noch heute im Untersberg schlafen, während sein Bart rund um den Tisch wächst. Nach drei Umrundungen, so geht die Sage, brechen die Endzeit und die Rekonstruktion des Deutschen Reiches an.

Vollbärte signalisierten in der Antike nicht nur die Notwendigkeit eines respektvollen Umganges. Mit der ersten Rasur traten die Jünglinge ins Mannesalter ein und wurden damit zu ehrenwerten Mitgliedern der patriarchalischen Ordnung. Nur bis zu dieser Zäsur war in den antiken Geschlechterstrukturen Athens die sexuelle Beziehung zwischen einem älteren Mann und einem Jüngling erlaubt, ja, sogar gesellschaftlich gewünscht; danach galt sie jedoch als verwerflich. Der Bart trennte die Generationen und stellte einen entscheidenden Einschnitt im Geschlechtsleben dar. Vom passiven Objekt trat der Jüngling in den Status des handelnden Subjektes. Ein ähnliches kulturelles Verhaltensmuster kennzeichnet nicht nur die arabisch-nordafrikanische Welt der Gegenwart. Auch in der modernen brasilianischen Gesellschaft findet es sich wieder. Es gehört dort zu den üblichen Gepflogenheiten von schwulen Männern über 30, sich einen Bart wachsen zu lassen, um lästigen Fragen über den Zivilstand zu entgehen. Bärtigkeit symbolisiert Männlichkeit und Ehe.

Das Tragen des Bartes war in den griechischen Stadtstaaten neben den alten Männern im wesentlichen den Kriegern vorbehalten, was einen deutlichen Unterschied zu den modernen Armeen darstellt. Der Körper des modernen Kriegers, der längst nur noch Soldat ist, zeichnet sich durch Kurzhaarschnitt und Glattrasur aus. Dabei hatte schon Alexander der Große praktische Gründe für die Zwangsrasur geltend gemacht. Er fürchtete, daß Bärte in Kämpfen hinderlich sein könnten.

In den antiken Schlachten, die mit Schwertern im Einzelkampf Mann gegen Mann ausgetragen wurden, geschah es nämlich nicht selten, daß sich die Kämpfenden an den langen Bärten rissen, um die Bewegungseinschränkung des Gegners für den entscheidenden Schlag auszunützen. Die bartlosen griechischen Kämpfer, die ein Vorbild für das römische Heer darstellten, unterschieden sich damit von den meisten ihrer Gegner unter den Kulturen der antiken Welt.

Barbaren und Langobarden

Zu den verachtenswertesten und gefürchtetsten Gegnern der römischen Zivilisation zählten die Barbaren des Nordens, die Germanen, die ob ihrer zottelhaften Bärtigkeit von den römischen Schriftstellern den Tieren gleichgesetzt wurden. Etymologisch läßt sich der Begriff des »Barbaren« auf den lateinischen Ausdruck für Bart zurückführen, genau wie der als Schmähwort gebräuchliche Name des germanischen Volksstammes der »Langobarden«. Die »Langbärtigen« gründeten in Norditalien ihr mächtiges Königreich und haben in der Regionenbezeichnung »Lombardei« bis heute ihre Spur hinterlassen.

Die Renaissance des Bartes erfolgte erst mit der Machtergreifung des römischen Soldatenkaisers Hadrian. Danach trugen viele der nachfolgenden Kaiser wieder kurze Bärte, wie die erhalten gebliebenen Statuen und Münzen bezeugen. Die Priesterklassen der antiken Hochkulturen blieb jedoch bartlos.

Der Bart der Kirche

Das Erscheinungsbild des die antiken Priester ablösenden christlichen Klerus hingegen ist uneinheitlich, zumindest in den ersten Jahrhunderten. Viele antike und frühchristliche Plastiken und Mosaiken weisen die Apostel, in deren Nachfolge sich die hohen Kleriker bewußt stellten, als bärtig aus, ohne daß es jedoch eine einheitliche Darstellung in der Kunst gab. Die Frage der authentischen und damit würdigen Nachfolge dieser Gründungsväter des Christentums blieb damit strittig. Der für die Entwicklung des monastischen Lebens prägende Heilige Hieronymus (347–420) sprach sich entschieden gegen lange Bärte aus. Aber aus seinen spärlichen Überlieferungen oder jenen seines Zeitgenossen Augustinus (354–430) können keine endgültigen Schlüsse über den dogmatischen Wert dieser Aussagen gezogen werden. Die aussagekräftigste Stellungnahme dazu findet sich im Artikel 44 des Kanons über das Aussehen von Klerikern aus der Zeit um 503. Darin wird festgelegt, daß ein Kleriker weder langes Haar tragen dürfe noch einen Bart. Kleriker mußten sich ob ihrer Sonderrolle in der Gesellschaft von den übrigen Männern unterscheiden.

Alternative Interpretationen dieses Textes meinen aber, daß es sich lediglich um das Verbot eines überlangen Bartes handelte und nicht um einen Bart schlechthin. Dennoch berufen sich spätere Kommentatoren auf dieses Dokument, weswegen zumindest im frühchristlichen und frühmittelalterlichen England ein Bartverbot für den nicht ordensgebundenen Klerus galt. Aus der Regierungszeit des englischen Königs Edgar (959–975) läßt sich folgende kanonische Bestimmung finden: »Let no man in holy orders conceal his tonsurer, nor let himself be misshaven nor keep his beard for any time, if he will have God's blessing and St. Peter's and ours.« (Niemand, der das heilige Gelübde geleistet hat, soll seine Tonsur verdecken. Auch soll er nicht unrasiert gehen oder überhaupt einen Bart tragen, will er Gottes Segen, den des heiligen Petrus und den unsrigen erlangen.)

Keine Gültigkeit hingegen besaßen diese Bestimmungen für die wandernden iroschottischen Prediger, die die Missionierung Kontinentaleuropas im wesentlichen betrieben. So werden denn auch nur die Mönche des englischen Klosters von St. Augustinus, die der römischen Obödienz angehörten, in der Zeit zwischen 1090 und 1120 als bartlos dargestellt. Die Mönche der französischen Klosterburg Saint-Michel, die unter dem Einfluß irischer Prediger standen, trugen hingegen lange Bärte. Der Historiker und Mediävist Arno Borst konnte für die Zisterziensermönche des Bodenseeraumes anhand der Klosterregeln rekonstruieren, daß diesen Mönchen zur selben Zeit sechsmal im Jahr die Rasur gestattet war, wenngleich nur mit der Rasierschere und nicht mit dem schärferen Rasiermesser.

Heilige Bärte

Das ganze Jahr, das ganze Leben hindurch bärtig blieben hingegen die im Ansehen besonderer Heiligkeit stehenden Eremiten, die eingemauerten Mönche und die Asketen, da für sie die Klosterregeln nur bedingt galten. Bald wurde in der volkstümlichen Vorstellung mönchische Bärtigkeit mit Heiligkeit gleichgesetzt, was den Bischof von Toledo zu der ironischen Bemerkung veranlaßte: »Wenn ein Bart einen Heiligen ausmacht, dann gibt es nichts Heiligeres als eine Ziege«. Ein weit verbreitetes deutsches Sprichwort lautete im Mittelalter: »In langen Bärten steckt noch keine Weisheit.«

Im Verlaufe der Kirchengeschichte wurden die Gesichter der römischen Kleriker immer glatter. Das Konzil von Toulouse 1119 drohte den Priestern die Exkommunikation an, sollten sie, Laien gleich, ihre Haare oder den Bart wachsen lassen. Papst Alexander II. (1061–1073) ordnete an, daß Kleriker, die diese Regeln nicht befolgten, auch gewaltsam von ihrem Erzdiakon geschoren werden konnten. Dieses Dekret wurde sogar in das gültige kanonische Gesetzbuch Gregors IX. (1227–1241) übernommen. Mit aller Macht versuchte die keusche Priesterkirche der Männer, eine symbolische Grenze hin zu den weltlichen Ständen und deren Gewohnheiten zu ziehen. Bärtig zu sein war in der ständischen Ordnung des Mittelalters ein Zeichen für die weltliche Orientierung der Krieger, des Adels und der Bauern und ein Symbol für Sexualität. Davon wollte sich die Priesterkirche deutlich sichtbar abheben.

Erst in der Zeit der Reformation und der Renaissancepäpste trat eine Lockerung der Sitten unter den hohen Weltgeistlichen ein. Zwar hielt das 5. Laterankonzil von 1512 am bereits beschriebenen Verbot fest, ließ aber eine Hintertür für den modebewußten Klerus offen. Kurze Bärte galten fortan nicht mehr als verboten, wenngleich auch nicht explizit als gestattet. Selbst Päpste trugen von nun an Bärte. Die Porträts Julius' II. (1503–1513), Clemens' VII. (1523–1534) und seines Nachfolgers Paul III. (1534–1549) zeigen die Stellvertreter Petri mit unterschiedlich langen Bärten. Selbst der französische Kardinal Richelieu (1585–1652) sah trotz seiner Kardinalswürde keine Veranlassung, auf den modischen Bart zu verzichten. Sein Nachfolger Kardinal Mazarin (1602–1661) hingegen ordnete sich wieder dem Gebot der Kirche unter, obwohl er nie die Priesterweihe empfangen hatte.

1. Martin Luther als Mönch (Kupferstich von Lucas Cranach d. Ä., um 1520)
2. Luther als Junker Jörg (Holzschnitt aus der Cranach Werkstatt, 1522)
3. Luther (Kupferstich von Jakob Bink, um 1530)

1.

2.

3.

Die moralische Entrüstung gegen diesen Traditionsbruch artikulierte am schärfsten der italienische Kirchenreformator und Mailänder Bischof Karl Borromäus (1538–1584). Er verordnete den Klerikern in seiner Diözese wieder die strikte Glattrasur. Ein Grund für die besondere Abneigung den Bärten gegenüber mag das Schreckensbild für die etablierte Kirche, Martin Luther, gewesen

1. John Knox (Holzschnitt, 16. Jahrhundert)
2. Johannes Calvin (Kupferstich von René Bovin, 1562)

sein. Der hatte sich nämlich kurz nach seinem Ausscheiden aus dem Augustiner Eremitenorden einen dichten Bart wachsen lassen und damit diesen Gesichtsschmuck beim katholischen Klerus nachhaltig in Mißkredit gebracht. Später jedoch kehrte Luther wieder zur Bartlosigkeit zurück, anders als die protestantischen Reformatoren Johannes Calvin und John Knox.

Einzig den beiden Mönchsorden, den Kapuzinern und Kamaldulensern, war es fortan nicht nur gestattet, Bärte zu tragen. In den Konstitutionen der beiden Bettelorden ist das Tragen des Bartes zwingend vorgeschrieben, wobei der Bart in diesen Gemeinschaften als Zeichen der Armut und der Demut gilt. Als sich die Jesuiten anschickten, China zu missionieren, nahmen sie die Sitten der Umgebung an, um nicht als Fremdkörper in dieser Kultur aufzutreten und Andersartigkeit zu signalisieren. Viele der Missionare wählten nicht nur die Landestracht, sondern ließen sich auch Bärte wachsen, wie sie bei den obersten chinesischen Amtsträgern üblich waren. Darüber entwickelte sich eine heftige Kontroverse im nachtridentinischen Rom, das gegen die Akkulturation der Missionare scharf vorging.

Der Bart mußte ab, selbst wenn dadurch die Fähigkeit verlorenging, auf gleicher Ebene mit der einheimischen Bevölkerung zu kommunizieren.

Heute gehört die Bartlosigkeit des hohen Klerus innerhalb der römisch-katholischen Kirche nur noch zu einer gepflegten, aber nicht bestimmenden Tradition. So trägt im österreichischen Episkopat der Salzburger Weihbischof Laun einen Vollbart. Dennoch fungiert das Gesichtshaar nach wie vor als optisch trennendes Merkmal zwischen dem römisch-katholischen Hochklerus und den anderen christlichen Traditionskirchen. Vollbärtig steht der Klerus der unierten Schwesterkirchen, der orthodoxen und altorientalischen Gemeinschaften, vor dem Altar. Dort müssen alle Priester und Mönche Bärte tragen. Sie gleichen damit dem Bild, das sich der lateinisch und der griechisch geprägte Kulturraum gleichermaßen von Gott und Christus schufen. Als Urbild für all diese Darstellungen dienen das angeblich authentische Schweißtuch der Veronika und das Turiner Grabtuch. Beide Reliquien waren in der einen oder anderen Form seit byzantinischer Zeit bekannt. Der christliche Gott wird immer vollbärtig und mit grauen Barthaaren dargestellt, der Teufel hingegen weist nur einen roten Kinnbart auf.

Das Schweißtuch von zwei Engeln gehalten (Kupferstich von Albrecht Dürer, 1513)

Während Kleriker in den christlichen Großkirchen in der Vergangenheit durchaus um ihren eigenen Bart streiten mußten, galten derartige Bestimmungen für die Laien nicht, sieht man von den wechselnden Moden in der Kultur und einigen kurzen Episoden in der europäischen Geschichte ab.

Als Heinrich VIII. (1509–1547), der selbst einen Vollbart trug, den englischen Thron bestieg, beseitigte er lokale Steuern auf Bärte, hielt jedoch an Strafzahlungen für bärtige Anwälte fest.

Den Bojaren werden die Bärte gestutzt
(Holzschnitt aus der Zeit Peters I.)

Zar Peter I. von Rußland eröffnete 1699 nach seiner Rückkehr aus Westeuropa einen regelrechten Kulturkampf um den Bart, den er als Zeichen der konservativen russischen Einstellung wertete. Diese zu überwinden erhob er zu seiner zentralen Lebensaufgabe. Zur raschen Durchsetzung seiner Vorstellung von westlicher Kultur und Zivilisation ließ er eine besondere Bartsteuer einheben, die unbarmherzig an den Stadttoren eingetrieben wurde. 100 Rubel mußten bärtige Männer der oberen Steuerklassen alljährlich für die Verweigerung der Rasur entrichten, Bauern 1 Kopeke. In heftiger Opposition dagegen verharrten die von der Orthodoxie abgespaltenen Altgläubigen, die ob dieser Einschränkung ins selbstgewählte Exil bis nach Sibirien weiterzogen. 1765 hob Katharina die Große diese Bestimmung auf, achtete aber darauf, daß der Hof nach ihrem Geschmack bartlos blieb. Ihren männlichen Nachfolgern auf dem Zarenthron war spätestens seit der Französischen Revolution dieses Zeichen der Verwestlichung kein Herzensanliegen mehr, sie propagierten wieder eine Russifizierung des lokalen Adels und des Hofes. Der Bart kehrte in das Gesicht der russischen Männer zurück. Die russische Tradition, wonach Bärtigkeit mit Männlichkeit gleichzusetzen ist und Bartlosigkeit mit Verweiblichung, läßt sich bis in das 15. Jahrhundert zurückverfolgen. Der Metropolit Daniel brandmarkte rasierte Männer als Sodomiten. Noch im 19. Jahrhundert galt ein Verbot für bärtige Männer, ein russisches Dampfbad gemeinsam mit bartlosen Jünglingen aufzusuchen.

Genau so unnachgiebig wie Peter der Große zeigen sich heute noch die modernen türkischen Generäle. Als selbsternannte Hüter des laizistischen Staates in der Tradition von Atatürk verbieten sie allen Beamten und Studenten das Tragen eines Vollbartes. In ihm sehen sie ein offenes Bekenntnis zum Islam und damit eine unzulässige Verquickung von Staat und Religion. Bartträger der islamischen Mode wie auch Frauen, die ein Kopftuch tragen, verlieren ihr öffentliches Amt, oder sie müssen die Universitäten verlassen. Religiöse Vorschriften, die den ästhetischen Umgang mit dem Körper regeln, bestimmen im europäisch geprägten Kulturraum heute nur noch das Leben von Mitgliedern kleinerer christlicher Freikirchen. Die im 16. Jahrhundert gegründete Bewegung der Mennoniten gebietet in ihrer strengen Observanz den »Amish« – allen erwachsenen und verheirateten Männern – das Tragen des Bartes. Sie berufen sich dabei auf alttestamentarische Bestimmungen, wenngleich die Pflege des Bartes keiner ähnlichen Einschränkung unterliegt wie im orthodoxen Judentum. Am entgegengesetzten Spektrum der Vorschriften sind die jungen amerikanischen Religionsgruppen der Zeugen Jehovas und Mormonen angesiedelt. Sie verbieten ihren männlichen Mitgliedern das Tragen eines Bartes. Ausnahmen dürfen bei den Mormonen nur von den Bischöfen gestattet werden. Dafür müssen jedoch spezielle medizinische Gründe namhaft gemacht werden. Bei den Zeugen Jehovas erlauben lediglich die liberaleren europäischen Gemeinden das Tragen des Bartes. Der vor einigen Jahren durchgeführte Versuch, eine einheitliche Regelung für alle Mitglieder zu finden, scheiterte am strikten Widerstand der amerikanischen Mitbrüder, die deswegen sogar mit einer Abspaltung drohten.

Bärtiger Gottesstaat

Einen allgemeinen Zwang zum Vollbart gab es hingegen im bisher einzigen islamischen Gottesstaat, in Afghanistan. Dort schrieben staatliche Gesetze und nicht bloß Sitten oder Traditionen Männern das Tragen eines Vollbartes vor. Die religiösen Machthaber begründeten dies mit Hinweisen auf Mohammed, der seinen Gefolgsmännern befohlen habe, sich Bärte wachsen zu lassen, den Oberlippenbart aber zu rasieren. Damit wollte er ein sichtbares Zeichen gegen die persischen Zarathustrapriester setzen, die über einen großen Einfluß auf der arabischen Halbinsel verfügten. Die Taliban-Kämpfer Afghanistans, die sich strikt an den Traditionen des Korans orientieren, kontrollierten sehr bewußt diese Vorschrift und ahndeten eine selbstgewählte Bartlosigkeit als ein Zeichen des Widerstandes gegen eine göttliche Ordnung mit zum Teil drakonischer Gewalt. Sportler, die keinen Bart trugen, erhielten seitens der Taliban-Führer keine Erlaubnis, das Land bei den Olympischen Spielen in Sydney zu repräsentieren. Mit dem von außen erzwungenen Ende der kriegerischen Taliban-Diktatur endete jedoch nicht die bislang gültige Norm. Nur in der kurzen Periode des chaotischen Machtübergangs auf neue Clanherrscher sahen sich die ehemaligen Gotteskämpfer Zwangsrasuren ausgesetzt, und in Kabul bildeten sich vor den wiedereröffneten Barbiergeschäften zunächst lange Menschenschlangen. Die Zwangsrasierten erlitten ein ähnliches Schicksal wie die Frauen im befreiten Europa 1945. Das Ritual der Unterwerfung fand auch hier statt. Ihre Kahlrasur war eine bewußt gewählte Form der öffentlichen Erniedrigung, die jedoch mit dem Nachwachsen des Bartes schon bald getilgt war. Inzwischen ist die »Normalität« in dem kriegszerstörten Land wieder eingekehrt. Die Islamisten tragen wieder ihre Bärte, und jene Stämme, die zuvor gezwungen worden waren, den »islamischen Bart« zu tragen, sind wieder zu ihren eigenen traditionellen Formen des Bartes zurückgekehrt. Das glattrasierte Gesicht ist in Kabul bis heute ebenso selten wie die unverschleierte Frau. Traditionen der Unterdrückung oder Religion überdauern fast immer die kurzfristigen Wechsel der Machthaber.

Eine ähnliche öffentliche Disziplinierung der Männer wie im Afghanistan der Taliban hatte es zuvor bei der Errichtung der Mullah-Diktatur im Iran gegeben. Sie wird heute im Zeichen der Öffnung des Landes nicht mehr mit dem einstigen revolutionären Eifer exekutiert, was sich unter anderem daran zeigt, daß junge Frauen bereits kokett einzelne Haare aus der Verschleierung heraushängen lassen. Während die Mullahs und Ajatollahs im allgemeinen kräftige Rauschebärte oder gestutzte Vollbärte nach dem Muster des Propheten tragen, ziert den Normalbürger häufig ein Dreitagebart. Er trägt ihn zum Hemd ohne Krawatte, die – wie die Glattrasur – als Inbegriff des Westlertums und damit der Dekadenz angesehen wird.

Auch die saudi-arabische Form der Staatsreligion, der Wahhabismus, schreibt für alle Männer einen Bart vor, wenngleich keinen Vollbart. In Saudi-Arabien ist der Oberlippenbart stark verbreitet.

Durch das äußere Erscheinungsbild wollen die strenggläubigen Anhänger dem Beispiel Mohammeds folgen. Eine zeitgenössische und realistische Darstellung des Religionsgründers existiert aufgrund des Abbildungsverbotes im Islam freilich nicht. Die religiöse Sicherheit, daß Mohammed einen Vollbart trug, gründet nicht nur in der Tradition der arabischen Stämme. Es ist vielmehr ein einzelnes Barthaar, das zu den kostbarsten Reliquien der islamischen Welt gehört und Sicherheit gewährt. Es wird gemeinsam mit einem Zahn des Propheten in den heiligen Stätten Saudi-Arabiens aufbewahrt. Der uns durch Karl May vermittelte Schwur »beim Barte des Propheten« nimmt allerdings nicht auf diese Reliquie Bezug, sondern weist auf einen anderen Propheten hin, nämlich den alttestamentarischen Abraham, den Urvater aller drei monotheistischen Religionen.

Heute gilt der Bart in den islamischen Gesellschaften Nordafrikas und des Nahen Ostens nicht nur als ein bekennendes Zeichen der Religion. Im Alltag verdeutlicht er die strenge Trennung zwischen den Geschlechtern. Ein rasierter Mann gleicht in dieser Interpretation einer Frau und kann deswegen keine Achtung genießen. Nur kurz vor Ende der Pilgerfahrt nach Mekka sind gläubige Moslems aufgerufen, sich den Bart zu rasieren und alle Körperhaare zu entfernen, womit die absolute Demut vor Allah einen sinnbildlichen Ausdruck finden soll.

Der Islam als Gesetzesreligion reagiert aber auch durchaus pragmatisch auf die Herausforderungen der modernen Welt. So erlauben die meisten Gelehrten den Soldaten die Rasur, da die Notwendigkeit, sich mit Gasmasken zu schützen, ein höheres Gut darstellt als das Beharren auf dem Vollbart. Gegen eine derartige »liberale« Interpretation des Korans verwehren sich einzig die Milizionäre der Taliban und die indischen Sikhs. Sie begreifen sich in der Nachfolge des Gurus Gobind Singh (1666–1708), der fünf Kennzeichen für die Mitgliedschaft formuliert hat. Dazu gehörten als zentrale Punkte das Tragen langer Haare unter einem Turban und das Nichtscheren des Bartes. So dürfen denn auch die in der britischen Armee dienenden Sikhs trotz anders lautender Bestimmungen für die übrigen Soldaten ihren Bart stehen lassen und ihr Haar ungeschnitten unter einem Turban tragen. Lediglich der Internationale Boxverband will diese religiös bedingte Sonderregel nicht anerkennen und erteilt bärtigen Männern keine Lizenz für Kämpfe, was ihm in England den Vorwurf des Rassismus und Ethnozentrismus eintrug.

Der Bart gilt zwar herkömmlich als Charakteristikum des männlichen Körpers. Eine kulturgeschichtliche Reflexion über den Bart darf aber das Phänomen des »Damenbartes« nicht unerwähnt lassen. Er stellt deutlich sichtbar jene Überschreitung der Geschlechtergrenzen dar, die die Umwelt stets mit Mißtrauen beäugt. »Vor bärtigen Frauen und versöhnten Feinden sollst du dich hüten« lautet denn auch ein Sprichwort, das bis ins 19. Jahrhundert hinein allgemein gebräuchlich war. Volkskundler dokumentieren in den Alpengebieten bis ins frühe 20. Jahrhundert spezifische Formen des Aberglaubens zum Damenbart respektive zum Bartverlust des Mannes. So war der Glaube weit verbreitet, daß Mädchen, die mit dem Taufwasser eines Knaben getauft worden waren, später ein Bart sprießen werde. Frauen, die einen Knaben zur Taufe trugen, drohte gleichfalls der Bartwuchs. Schließlich sollten auch Mädchen bei der Begrüßung zuerst ihre Mutter küssen und Buben ihre Väter, denn sonst würde ersteren ein Bart wachsen und letzteren nicht.

Wolfsfrauen

Besonders verbreitet findet sich der Damenbart als Flaum an der Oberlippe bei mediterranen Völkern oder als hartes Haar bei alten Frauen, deren hormonelles Gleichgewicht eine Veränderung durchlebt. Genetisch bedingt im Sinne der Aberration ist schließlich der Vollbart bei Frauen ein Krankheitsbild, das die wissenschaftliche Bezeichnung »Hypertrichosis« trägt; der Volksmund nannte diese unglückseligen Gestalten wenig schmeichelhaft »Werwolffrauen« oder »Wolfsfrauen«. Bärtige Frauen erregten immer das Interesse der Umwelt und sind deswegen die gesamte Medizin- und Alltagsgeschichte hindurch dokumentiert, ebenso wie in den Mythen und Sagen der Völker. Im mittelalterlichen Europa war es Adam von Bremen (11. Jhd.), der der Figur von bärtigen Frauen erstmals ein literarisches Denkmal setzte. Er beschrieb ein sagenhaftes Land zwischen Finnland und Estland, in dem bärtige Frauen mit hundsköpfigen Kindern lebten, die, anstatt zu sprechen, bellten.

In der Antike berichtete Hippokrates in seinen Schriften über eine Frau, der nach Ende der Menstruation ein Bart wuchs. Er stellte damit bereits den Zusammenhang zwischen der weiblichen Hormonentwicklung und einem möglichen Bartwuchs her, wenngleich ihm der Begriff Hormon noch fremd war. Es ist ein medizinisches Faktum, daß Frauen nach ihrer Menopause haariger werden, dasselbe

Schicksal ereilt auch Frauen, denen die Eierstöcke operativ entfernt wurden. Die Thesen der vorwissenschaftlichen Mediziner hielten aber nicht nur das Ausbleiben der Menstruation für eine der Ursachen; auch in einer exzessiven Keuschheit vermuteten sie die Bedingung für den unerwünschten Bartwuchs. Freilich meinten sie damit nur das vereinzelte Auftreten von Gesichtshaaren; andere Gründe mutmaßten sie für die Vollbärtigkeit bei Mädchen und Frauen. Sie hielten sie primär für eine Strafe Gottes aufgrund eines Fehlverhaltens der Mutter im Moment der Empfängnis. Phantasierte die Frau, so die Ansicht der Menschen dieser Zeit, in wollüstiger Weise während des Geschlechtsaktes einen bärtigen Mann, der nicht der eigene war, so konnte dies jene negative Auswirkung auf das Kind zur Folge haben. Als Beweis für die Straftheorie dienten die gesunden Geschwister der Wolfsfrauen, aber auch deren Kinder, die nicht immer diesen Makel aufweisen mußten. Der französische Hofchirurg Ambroise Paré (1509–1590), der sich diesem Phänomen sehr intensiv widmete, beschrieb die Ursache in ähnlicher Weise (wenngleich er das Strafmoment außer acht ließ) wie folgt: »Zur Zeit der Empfängnis hatte seine Mutter ein über dem Bett hängendes Bildnis des heiligen Johannes des Täufers in seinem Pelzumhang mit Inbrunst betrachtet.«

Nur wenige dieser Kinder überlebten. Die meisten dieser unglücklichen Geschöpfe starben in frühester Kindheit an mangelnder Pflege. Selten erreichten sie das Jugend- oder Erwachsenenalter, zu sehr schämten sich die Eltern ihrer Nachkommen, die sie vermeintlich an eine eigene Schuld erinnerten. Im 16. Jahrhundert mehren sich jedoch die schriftlichen Zeugnisse über derartige Kinder. Die ablehnende und negative Haltung der Öffentlichkeit aber hatte sich diesen als Monster bezeichneten Menschen gegenüber nicht grundsätzlich geändert; zur moralischen Abscheu trat eine voyeuristische Neugierde von seiten der Fürstenhöfe der Renaissance, die gerne bereit waren, für diese menschlichen Geschöpfe Unsummen zu bezahlen. Die Aussicht, Kapital aus der Deformation zu schlagen, rettete Kindern aus armen und gesellschaftlich nicht integrierten Familien das Leben. In ihren zur Mode gewordenen Kunst- und Kuriositätenkabinetten begannen die Herrschenden nicht nur tote Objekte zu sammeln, sondern auch lebende Kuriositäten. Zwerge gehörten dazu ebenso wie bärtige Mädchen und Frauen.

Porträt der Tochter des Pedrus Gonsalvus, Kunsthistorisches Museum Wien (deutscher Maler, um 1580)

Zu den ältesten erhaltenen Darstellungen einer bärtigen Frau gehört ein Bild, das sich heute in der Schloßsammlung von Ambras befindet, die auf Rudolf II. zurückgeht. Ein zweites, thematisch ähnliches Bild befindet sich in der Prager Residenz dieses merkwürdigen Habsburgers. Es zeigt eine überaus behaarte Familie mit dem edlen Wildmenschen Petrus Gonsalvus als Vater. Neben ihm posieren seine unbehaarte Frau und seine zwei behaarten Söhne und Töchter. Eben diese Mädchen wurden auch vom italienischen Naturforscher Aldrovandi 1543 und 1584 in seiner *Monstrorum Historiae* ausführlich beschrieben. Auch der Herzog von Sachsen wollte sich die Welt der Eigentümlichkeiten erschließen und ließ 1562 ein Porträt von Grete Bartl, das sie mit einem buschigen Bart zeigte, für seine Sammlung anfertigen, nachdem er ihrer selbst nicht hatte habhaft werden können.

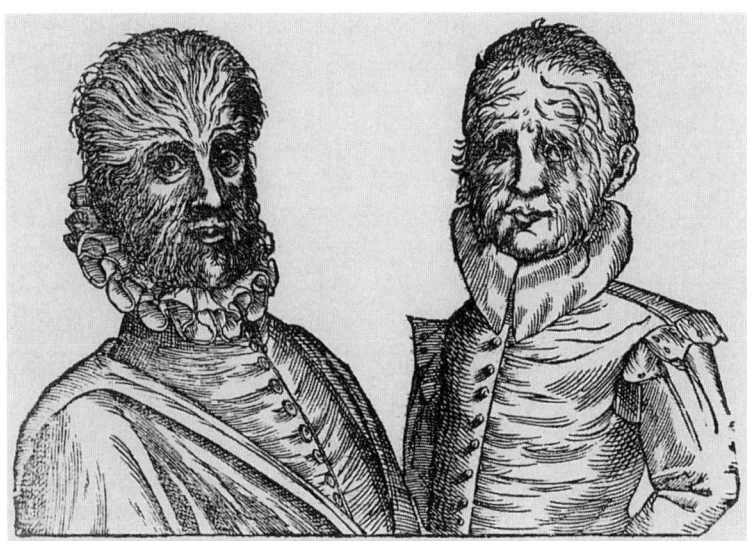

Porträt von Pedro und Arrigo Gonzales, aus: Aldrovandis Monstrorum Historiae (Bononiae, 1642)

Zu den bekanntesten bärtigen Frauen der frühen Neuzeit gehörte Barbara Urster, die im 16. Jahrhundert lebte und deren Bart ihr bis zur Hüfte reichte. Ein Jahrhundert später erregte Rosine Marguerite Müller eine lokal begrenzte Öffentlichkeit. Sie verstarb 1732 bewundert und gefürchtet in einem Dresdener Spital. 1726 hatte eine Tänzerin mit einem mehrere Zoll langen Bart die Venezianer in Staunen versetzt und große Volksmassen zu ihren Vorstellungen angelockt. Nicht als Objekt der Schaustellung wollte eine namenlos gebliebene Schwedin ihr Leben fristen. Sie entschied sich für einen Fluchtweg, den viele andere Frauen, die sich als Männer verkleideten, auch bereits gewählt hatten. Sie verdingte sich im Heer Karls XII. (1682–1718) als Söldnerin und blieb Jahre hindurch in ihrer eigentlichen biologischen Identität unentdeckt. In der Schlacht von

Pultowa gefangengenommen, wurde sie dem russischen Zaren zugeführt, der sie fortan – einem wilden Tier gleich – in seiner Menagerie hielt. Die persönlichen Geschichten und Schicksale all dieser Frauen in der vormodernen Zeit lassen sich nicht biographisch rekonstruieren. Sie tauchen in den Annalen der Wunderbeschreibungen auf und verschwinden dann ebenso plötzlich wieder.

Besser dokumentiert sind die individuellen Schicksale solcher Frauen im 19. Jahrhundert. Julia Pastrana gehörte zu den bekanntesten Frauen aus der Welt der Schaubuden und des Panoptikums. Ursprünglich in Mexiko geboren und indianischer Abstammung, war sie 1857 von geschäftstüchtigen und skrupellosen Schaustellern nach England gebracht worden, wo man sie erstmals öffentlich ausstellte. Danach begann die traumatische Reise durch Europa, ehe sie schließlich 1862 in Moskau verstarb. Um sie nicht als Einnahmequelle zu verlieren, wurde sie einbalsamiert und noch bis zu Beginn des Ersten Weltkriegs gegen Entgelt öffentlich ausgestellt. Ihr Gesicht war mit dichtem Haar bedeckt, sie hatte einen Schnurrbart und einen Vollbart. Zudem wies sie entsprechend dem Krankheitsbild eine unregelmäßige Zahnstellung im Ober- und Unterkiefer auf.

Mit der verstärkten Kontrolle der Obrigkeit über die Schwangeren und Kindsmütter sowie mit der Einrichtung von Waisenhäusern stiegen die Überlebenschancen behaarter Mädchen; gleichzeitig boten die herumziehenden Schausteller den Eltern und den Findlingseinrichtungen immer höhere Summen für solche anatomisch besonderen Kinder an, konnten sie doch mit hohen Renditen für diese Investitionen rechnen. Daher mehren sich im 19. Jahrhundert die Nachrichten wieder, nachdem im 18. Jahrhundert die Leidenschaft der Fürstenhöfe für das Kuriose abgenommen hatte. 1876 berichtete der deutsche Arzt Ecker von einem Freiburger Mädchen, das diese Mißbildung aufwies. Die weiteren tragischen Schicksale stammen zumeist aus England, dem Land mit den meisten wandernden Schaustellern und dem größten Publikumsandrang für das Makabre.

Der Voyeurismus fand aber nicht nur in den herumreisenden Schaubuden seine Befriedigung. Das Publikum drängte auch in die öffentlich zu besichtigenden Irrenanstalten. In diesen vegetierten viele der Wolfsfrauen dahin. Frauen, die nicht in den Irrenanstalten landeten, weil deren Eltern sie nicht dorthin abgeschoben hatten, verdienten sich einen kargen Lebensunterhalt als Freaks in den herumziehenden Shows. Eine bürgerliche Existenz aufzubauen war ihnen nicht möglich. Auch heute noch trifft dieses Schicksal vereinzelt junge Mädchen.

Der Damenbart, gleich welcher Ausformung, ist ein Fluch und ein Zaubermittel der Frauen, wie Mythen und Märchen beschreiben. In der griechischen Sagenwelt trägt die schreckliche Gorgo nicht nur Schlangenhaar, sondern auch einen Bart; in der germanischen Mythologie konnte der allesvernichtende Fanfir nur durch eine Kette aus Stahl und einem Damenbart gefesselt werden, was die Welt bis zur Götterdämmerung vor der Vernichtung rettete. Aus Italien stammt die Geschichte von einer schönen Prinzessin, die es verabsäumt hatte, sich ordentlich von einem Oger zu verabschieden, da sie zu einem schönen Prinzen eilen wollte. Der Oger bestrafte sie, indem er ihr einen Bart anzauberte, so daß sie schrecklich aussah. Dieses haarige Ungeheuer ließ nun der Prinz seinerseits gerne stehen und reiste davon, ohne sich von der einstmals Angebeteten zu verabschieden. Schließlich hob der Oger den Fluch aber auf, und der Heirat stand nichts mehr im Weg. Das Motiv zu dieser Geschichte stammt ursprünglich aus der Legende von den keuschen Jungfrauen, die sich dem Zugriff geiler Heiden entziehen wollten. Die bekannteste dieser in ganz Europa verbreiteten Legenden schildert das Los der Heiligen Kümmernis. Von ihrem heidnischen Vater zur Hochzeit mit einem Ungläubigen verurteilt, betete die Prinzessin zu Gott um ihre körperliche Verunstaltung. Gott erhörte die Flehrufe der Prinzessin und ließ ihr am Vorabend der Hochzeit einen Vollbart sprießen. Der Vater schlug sie zur Strafe ans Kreuz, wodurch die Heilige Kümmernis in den volkstümlichen Kanon der Heiligen Aufnahme fand. Vor allem in Tirol und im süddeutschen Raum fand sie bei Mägden, die sich den Nachstellungen ihrer Dienstherren erwehren wollten, Verehrung.

Der Bart der Frauen, für den erstmals 1940 ein elektrischer Epilierapparat entwickelt wurde, zehn Jahre nach dem ersten Elektrorasierer für Männer, ruft im allgemeinen Abscheu oder Verwunderung hervor. Er gehört versteckt, weggeschminkt, ausgezupft, rasiert. Nur die Grenzgängerinnen zwischen den Geschlechtern, die »Drag Kings«, pflegen ihn oder kleben ihn sogar extra an.

Der Bart der Männer hingegen signalisiert Potenz und sexuelle Begierde. Casanova, Don Juan und »Blaubart« repräsentieren in unserem Kulturkreis zumindest auf sprachlicher Ebene die unersättlichen und nimmermüden Liebhaber. Anders als Casanova und Don Juan, welche die galante Variante des Liebhabers darstellen, umgibt den Ritter Blaubart die Aura des Verbrechens. Die Gestalt des Blaubartes, der die Frauen mit seinem wunderschönen, dunkelblau schimmernden Bart zu faszinieren vermochte, läßt sich in allen europäischen Märchenkreisen finden und ist längst losgelöst von der literarischen Gestalt zur Metapher für wüste Männlichkeit geworden. Diese volkstümliche Figur des Schreckens geht ursprünglich auf eine Erzählung des französischen Dichters Charles Perrault zurück. 1697 erstmals in einer Druckfassung veröffentlicht, folgten rasch Übersetzungen und Nachdichtungen in englischer, deutscher und italienischer Sprache. »Barbe Bleue«, wie er im Original hieß, ermordet seine zahllosen Ehefrauen sowie Liebhaberinnen und schließt deren Überreste in einem Zimmer ein. Erst seine letzte Frau entdeckt das furchtbare Geheimnis, entkommt dem Verbrecher und führt ihn seiner gerechten Strafe zu.

Doch Blaubart war zumindest schön, während König Drosselbart, der andere legendenhafte Träger eines bärtigen Beinamens, genau dieses körperlichen Reizes ermangelte: er war nämlich bartlos, wie das Märchen in der Grimmschen Fassung erzählt: »Besonders aber machte sie sich über einen guten König lustig, der ganz oben stand und dem das Kinn ein wenig krumm gewachsen war. Ei, rief sie und lachte, der hat ein Kinn wie eine Drossel einen Schnabel. Und seit der Zeit bekam er den Namen Drosselbart.«

Streit um des Kaisers Bart

Im Herbst des Jahres 2002 marschierten über mehrere Wochen hindurch tausende Studenten in den Straßen Teherans. Sie demonstrierten für akademische Freiheit und eine weltoffene Politik jenseits von Zensur und Unterdrückung. »Wir wollen nicht länger von Männern mit Bärten regiert werden«, lautete ihr provokantes Aufbegehren gegen die Herrschaft der islamischen Geistlichkeit. Einige tausend Kilometer entfernt von Teheran trafen sich gleichfalls im Herbst geistliche Würdenträger des Moskauer Patriarchats, um ihre Vorstellungen von einem neuen Religionsgesetz und einer neuen staatlichen Religionspolitik zu formulieren. Vor allem ging es ihnen darum, die »glattgesichtigen papistischen Spione Roms« in ihrer Missionsarbeit innerhalb Rußlands zu behindern oder zumindest deren seelsorgerisches Wirken einzuschränken. Mit ähnlicher Intoleranz wie die orthodoxen Würdenträger verfolgen sogenannte Heimatschützer in den USA noch ein Jahr nach dem Terroranschlag in New York ihre muslimischen Mitbürger, die durch Bart und Kopfbedeckung ihren Glauben zum Ausdruck bringen. Zumindest in der Wahrnehmung der westlichen Staaten stellt der Vollbart heute ein Zeichen der Reaktion dar, wenn er von Angehörigen gewisser ethnischer Gruppen oder Mitgliedern religiöser Gemeinschaften getragen wird. Aus den »Revolutionsbärten« wurden im öffentlichen Bewußtsein »Reaktionsbärte«. Hingegen dürfen Brad Pitt Russell Crowe oder andere Hollywood-Schönlinge ihr Gesichtshaar tragen, ohne Gefahr zu laufen, dafür öffentlich geächtet zu werden. Als Ikonen des westlichen Hedonismus steht es ihnen frei, Moden zu kreieren. Der Streit um den Bart ist zum Streit von Kulturen geworden; doch eigentlich war er es mit verschiebbaren, wechselnden und fließenden Grenzen schon immer.

2. KAPITEL: DER ZWANG ZUR GLÄTTE

Friedrich Torberg legte zwar seiner Tante Jolesch in den Mund, alles, was ein Mann schöner sei als ein Aff', sei Luxus. Doch auch schon zu Torbergs Zeiten galt es, zumindest einen Unterschied zu diesen Primaten zu wahren: den der Körperbehaarung. Übermäßige Behaarung galt zu fast allen Zeiten in den zivilisierten Stadtkulturen, aber auch in tribalen Gesellschaften, als unangemessen und wenig attraktiv. Bildzeugnisse lassen den Schluß zu, daß sich bereits im antiken Ägypten Frauen wie auch Männer ihre gesamte Körperbehaarung abrasierten. Lediglich Fremde und Sklaven weisen auf diesen Bilddokumenten eine Körperbehaarung auf. Aus der Analyse von Grabbeigaben läßt sich schließen, daß zum Zwecke der Enthaarung kosmetische Mixturen aus ungelöschtem Kalk und Stärkeresten hergestellt wurden. Die gesundheitlichen Folgen dieser Mittel waren offensichtlich; die Lebenserwartung von Frauen war dadurch stark beeinträchtigt. Der Preis der Schönheit war ein früher Tod oder eine Verunstaltung, die durch zusätzliche Kosmetika verdeckt werden mußte.

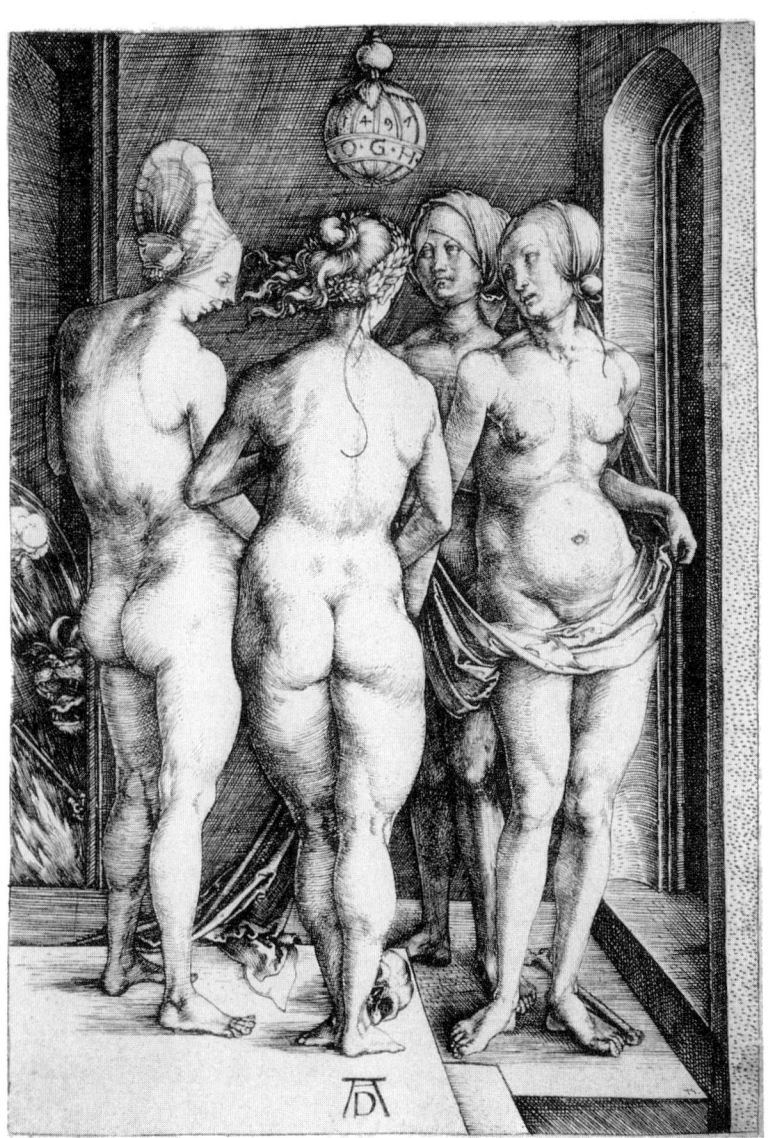

Die vier nackten Frauen (Kupferstich von Albrecht Dürer, 1497)

Die Geschichte der Körperrasur

In den meisten europäischen wie auch außereuropäischen Kulturen sind es fast ausschließlich Frauen, die sich ungeachtet ihrer Veranlagung der Körperrasur-Tortur unterwerfen mußten und müssen. Dabei ist zu bemerken, daß die generelle Entfernung aller Körperhaare eher die Ausnahme darstellt. Bis vor wenigen Jahren hatten sich lediglich Frauen in den vom Islam beeinflußten Regionen und in den USA die Achselhaare zu rasieren, während die meisten anderen Kulturen diesen Teil des weiblichen Körpers keinen Regulativen unterwarfen. Durch die Globalisierung des Bildes von Weiblichkeit und Femininität verbreitet sich nun diese Mode auch in Europa, wobei die Omnipräsenz der Werbebilder und Hollywoods diesen Trend nachhaltig fördert.

Die Tradition der Körperrasur läßt sich also vom pharaonischen Ägypten über die antiken Stadtstaaten Griechenlands bis hin zum Römischen Reich nachvollziehen. Die ersten materiellen Zeugnisse für die Haarentfernung der vornehmen Römerinnen datieren rund um das fünfte vorchristliche Jahrhundert. Ovid liefert in der *Ars amatoria* schriftliche Belege für die ästhetisch richtige Form der Präsentation des weiblichen Körpers. Die Rasur der Beinhaare gehörte zwingend dazu. Als Behelfsmittel hierfür dienten vor allem die unterschiedlichsten Cremes, die in ihrer Konsistenz zuweilen durchaus tödlich sein konnten. Als Werkzeuge der Tortur fungierten mitunter kleine geöffnete Meeresmuscheln, die wie Pinzetten verwendet wurden. Selten benutzten Frauen hingegen bei der Entfernung der Haare an Füßen und im Genitalbereich Klingen oder Rasiermesser; diese dienten in Ermangelung von Schärfe lediglich zur Kürzung, nicht aber zur hautnahen Rasur. Aus der Haushaltsliste von Kaiserin Poppea, der zweiten Gemahlin Neros (Eheschließung 62 n. Chr.), läßt sich schließen, daß sie für die tägliche Rasur eine Mischung aus Pech, Harz, Essig, Ziegengalle, Schlangenpulver und getrocknetem Efeu anrichtete. Einem weitaus schmerzvolleren Schönheitsritual unterzogen sich die Griechinnen. Sie brannten ihre Beinhaare mit Hilfe einer speziellen Lampe ab.

Doch nicht nur die Griechinnen und Römerinnen bemühten sich um einen glatten Körper. Caesar berichtet in seinen Schilderungen über die Eroberung der Britischen Inseln von den Praktiken der Kelten, sich den gesamten Körper zu rasieren, ausgenommen der Oberlippen und des Kopfes. Die Comicfiguren Asterix, Obelix und die anderen Bewohner des fiktiven gallischen Dorfes entsprechen somit zumindest in diesem Punkt den realen historischen Gegebenheiten. Völlig verständnislos standen die Römer der

Beinrasur der keltischen Krieger gegenüber, da diese in ihrem eigenen kulturellen Umfeld eine Übung der Frauen war. In seinen Ausführungen über den zivilisierten Mann im ersten Buch der *Ars amatoria* hält Ovid diese Usance deswegen für eines freien Mannes unwürdig. Er setzt Männer, die sich die Beine oder Brusthaare rasierten, orientalischen Eunuchen gleich und beschimpft sie als »Effeminati«. In der auf strikte Trennung der Geschlechterrollen achtenden antiken Welt gab es kaum eine schlimmere Beschimpfung. Die kurzen Achselhaare hingegen hält er für ein Zeichen des zivilisierten Charakters eines vornehmen Mannes und verurteilt mit scharfen Worten Männer, deren Achselhaare unter der Toga hervortraten.

»Durch Zierlichkeit mögen die Körper gefallen, sie mögen auf dem Marsfeld braun werden ... Nicht soll deine Frisur die Haare zu Stacheln deformieren: Das Haar und der Bart sollen von gelehrter Hand geschnitten sein. Und nicht sollen die Nägel hervorstehen, und sauber sollen sie sein, und aus deinen Nasenlöchern soll kein einzelnes Haar hervorstehen. Nicht soll der Herr des schlecht riechenden Mundes eklig sein, und nicht soll der stinkende Bock, der Herr der Ziegenherde, unter der Achsel hausen. Das übrige sollen die leichten Mädchen machen und einer, wenn er als schlechter Mann einen Mann zu haben sucht.«

Ovids Idealbild gilt auch heute noch in modifizierter Form in der US-Armee. Die Regeln des US-Marine-Corps über den männlichen Körper legen fest: »No male marine will be required to have his chest hair clipped except that which is so long as to protrude in an unsightly manner above the collar of the long khaki shirt.«

(Das Brusthaar eines männlichen Marine untersteht keinen besonderen Beschneidungsvorschriften. Allerdings wird dazu aufgefordert, sichtbar aus dem Kragen des langen Khakihemdes hervortretendes Haar zu stutzen.)

Die byzantinische Kultur übernahm aus der griechischen und römischen die Praxis des Epilierens. Auf diesem Weg dürfte anschließend auch die nach Kleinasien vorstoßende islamische Welt mit jener Mode in Kontakt gekommen sein und sie übernommen haben.

Im östlichen Mittelmeerraum band die patriarchalische Gesellschaft Frauen sehr streng an das Haus und an den alles beherrschenden Ehemann. Nur in Ausnahmefällen war es Frauen gestattet, diese Umgebung zu verlassen, zumeist nur, um Geschäften der einfachsten Art nachzugehen. Frauen nahmen eine Mittelstellung zwischen Kindern und Erwachsenen ein. In ihrer rechtlichen Position ähnelten sie den unmündigen Kindern, in ihrer biologischen Funktion hatten sie jedoch diese Phase längst überschritten. Durch symbolische Gesten galt es nun, den entwickelten Körper der Frau in Einklang mit seiner juridischen Stellung zu bringen.

Durch die Haarentfernung erhält die Vulva der Frau Ähnlichkeit mit dem Geschlecht des Mädchens. Sie gewinnt damit symbolisch etwas von dessen Reinheit zurück, nachdem durch die Geschlechtsreife eine blutige Unreinheit über die Frauen gekommen ist – zumindest nach den Vorstellungen der patriarchalischen Ideologie. In der Symbolwelt geschah eine Rückverwandlung, so als entledige sich die Zupfende mit den Haaren zugleich des Schmutzes des Erwachsenseins. Besonders das Genital der erwachsenen Frau wird häufig mit Schmutz assoziiert, im Gegensatz zum Genital des Mannes, das eigentlich enger mit den Ausscheidungsfunktionen des Körpers in Verbindung steht. In manchen Kulturen gilt deshalb die behaarte Vulva als Sinnbild des Monströsen.

In der Umgangs- und Vulgärsprache finden sich kaum positive Bezeichnungen für die weiblichen Schamhaare. Eine der am weitesten verbreiteten Bezeichnungen im modernen Englischen für das behaarte weibliche Genital lautet »bearded clam« – also bärtige (Venus-) Muschel. Gleichzeitig bedeutet »clam« im Amerikanischen auch noch »zugeknöpfter Mensch«. Für den deutschen Sprachraum ermittelte Ernest Bornemann insgesamt 58 Ausdrücke nur für die weiblichen Schamhaare: Bartwisch, Brechelbusch, Brunnenkresse, Brustbusch, Busch, Damenbart, Drahtverhau, Deispitz, Feigenblatt, Feigenkranz, Fell, Flausch, Flohfänger, Gamsbart, Geißbart, Giftschopf, Gluntbürste, Handbesen, Handfeger, Kaiserbart, Liebesgarten, Lustgartenhecke, Lustgärtchen, Lustwäldchen, Moos, Muff, Naturschutzgebiet, Ofenbank, Park, Pelz, Quaste, Rettich, Schleiße, Schnurrbart, Schopf, Schöpferl, Schürze, Seegras, Seetang,

Spitzbart, Tändelschürze, Ulbricht, Unterwald, Urwald, Vließ, Vorhang, Wald, Wolle, Ypsilonwald, Borsten, Bürste, Pfannen, Sauborsten, Wicken, Zizis, Zotten, Oase mit Palmen, Ofen mit schwarzen Pfannen. Diese Vielzahl von Synonymen für die Schamhaare der Frau steht in auffälligem Kontrast zu den Bezeichnungen für die Geschlechtshaare des Mannes. Bornemann konnte nur fünf Ausdrücke für die entsprechenden männlichen Haare finden: Eberborsten, Rosshaar, Rübenkraut, Schwanzhaar, Spargelkraut.

Die Gleichsetzung von Schamhaaren mit der Geschlechtsreife läßt sich anhand von einigen Kinderreimen des deutschen Sprachraumes deutlich nachvollziehen. Bemerkenswert ist, daß »haarig« im Alemannischen ein Synonym für Geschlechtlichkeit ist. Das Sprichwort, das diesen Konnex herstellt, lautet: »Haarig, haarig, haarig ist die Katze, / und wenn die Katz net haarig isch, / dann fängt sie keine Mäuse net«. Bornemanns Untersuchung über Kinderreime gibt ein weiteres Beispiel aus dem Berlin der fünfziger Jahre: »Meiner Schwester auf ihrem Bauch / Da wächst jetzt so 'ne Art Lauch. / Weil sie's nicht richtig kennt / Und's immer Petersilie nennt, / hat sie mir jefragt, Und ich hab jesagt: / Meechen, det is keine landwirtschaftliche Ware, / Det sind nur Haare.«

Aus der luxuriösen Welt der Harems und des osmanischen Serails, in der die Epilierung und die Beschneidung gleichermaßen erfolgten, sind auch die ersten vollständigen Rezepturen überliefert, die Frauen verhalfen, sich ihrer Körperhaare zu entledigen. Dabei handelte es sich um Mischungen aus Zucker, Wasser und Zitrone. Diese wurden in einem Wasserbad erwärmt, anschließend auf einen Baumwollstreifen gestrichen und danach auf die betreffenden Körperstellen gelegt. Zum Abschluß des Prozedere wurde der Streifen mitsamt den Haaren abgezogen. Diese unangenehme Prozedur mußte alle vier bis sechs Wochen wiederholt werden. *Miss Beauty*, ein Magazin für Mädchen, druckte das Rezept noch im Jahr 1999 als besonders natürlich und empfehlenswert ab. Auch in Nordafrika benutzen Frauen heute noch Enthaarungsmittel, die vorwiegend aus Honig bestehen. Nach der Enthaarung entfernen sie das Mittel nicht, sondern laden ihre Männer »zum süßen Kosten« ein. Die orale Vereinnahmung des Frauenkörpers durch den Mann könnte nicht vollständiger geschehen. Weniger erotisch denn schmerzhaft erfolgt die Epilation im chinesischen Kulturraum. Dort zupfen sich Frauen traditionell die unerwünschten Haare einzeln aus.

Badekultur

Die Obsession der islamischen Welt für einen unbehaarten Frauenkörper führte zu einer spezifischen orientalischen Badekultur. Die Rasur des Intimbereichs war aber nicht nur eine Praxis, die Frauen auf sich nehmen mußten, sie betraf auch die Männer. Daher kommt den luxuriös ausgestatteten öffentlichen und privaten Dampfbädern im vorderen Orient ein hoher Stellenwert zu. Der enorme Bedarf an energiehaltigen Ressourcen, den diese orientalische Mode nach sich zog, sollte jedoch nicht ohne Folgen für das ökologische Gleichgewicht in Nahen Osten bleiben. Der wenig bedachtsam durchgeführte Raubbau an Holz führte zum Schwinden der nordafrikanischen Wälder und damit zum Vordringen der Wüsten.

Im abendländischen Europa, das mit der Badekultur des Orients erstmals während der Kreuzzüge in Kontakt gekommen war und sie übernommen hatte, trat kurzfristig eine ähnliche Entwicklung der Energie- und Ökologiekrise ein. Das Auftreten von Geschlechtskrankheiten, insbesondere der Syphilis, zu Beginn des 16. Jahrhunderts führte später allerdings zu einer Schließung der Badehäuser, die von Männern und Frauen gleichermaßen frequentiert worden waren. Die Sperre der kommunalen Badehäuser minderte den Energiebedarf der großen Siedlungen und verzögerte damit deutlich die Rodungen der Wälder. Die islamische Welt hingegen war von dieser großen Gesundheitskrise nicht betroffen. Dort waren die Bäder von Beginn an immer streng nach Geschlechtern getrennt gewesen, wodurch sie nie in den Verdacht kamen, ein Ort sexueller Ausschweifungen zu sein. Weil sie nicht als Ausgangspunkt für die Übertragung von Geschlechtskrankheiten galten, setzte sich die Tradition, die in Europa abbrach, bis in die Gegenwart fort.

Mittelalterliches Männer- und Frauenbad (Holzschnitt von Crispin de Passe, 16. Jahrhundert)

Es gibt eine Reihe von Anzeichen dafür, daß die Praxis des Epilierens bis zur Schließung der westeuropäischen Badehäuser in hohen gesellschaftlichen Kreisen gepflegt wurde. Die robuste französische Königin und Regentin Katharina von Medici (1519–1589) wollte sich jedoch angeblich dieser Tortur, die seit dem Ende der Badekultur deutlich schmerzhafter geworden war, nicht mehr unterziehen. Die meiste Zeit ihres Lebens Witwe und Regentin für die minderjährigen Söhne, brauchte sie sich den männlichen Schönheitsidealen nicht länger zu unterwerfen. Sie vermochte, selbst Moden zu setzen, denen der Adel zu folgen hatte. So wird über Katharina erzählt, daß sie die schmerzhafte Enthaarung ihres Körpers verweigerte und sich öffentlich mit ihrer üppigen mediterranen Körperbehaarung zeigte. An der historischen Wahrheit dieser Aussagen mag jedoch gezweifelt werden, da Katharina von Medici als Mutter des femininen Heinrich III. von der hugenottischen Propaganda gerne als Mannweib dargestellt wurde, das nicht vor brutalen Maßnahmen zurückschreckte, wie das Hinschlachten der protestantischen Aristokratie während der Bartholomäusnacht zeigt. Montaigne, einer der bekanntesten Spötter des französischen Valois-Hofes, schloß sich den Verunglimpfungen gerne an. So machte er sich in seinen Reisebeschreibungen über die Praxis der höfischen Männer lustig, sich mit Pinzetten des Körperhaares zu entledigen und Frankreich damit zu effeminieren, während die katholische Königin traditionelle Formen der Feminität ablehnte.

Während der Frührenaissance verfügte der französische Hof noch nicht über jene kulturelle Strahlkraft, die ihn später auszeichnen sollten. Die verfeinerten Pariser Sitten wurden an den deutschen Höfen jedenfalls ignoriert. Doch gehörten auch dort Formen der Travestie, vor allem während der Faschingszeit, zur Normalität. Allerdings weigerten sich die adeligen Männer, mehr als das Frauenkleid überzuziehen; eine Rasur des Körpers lehnten sie strikt ab. Die sächsische Kurfürstin Agnes Hedwig von Anhalt (1573–1616), des Anblicks der behaarten Décolletés überdrüssig, ordnete daher an, daß diese Ausschnitte und die Ärmel mit fleischfarbenen Stoffen zu drapieren seien. Viel länger als in Deutschland und Frankreich hielt sich die Travestie am russischen Zarenhof. Die Zarinnen Elisabeth II. und Katharina die Große veranstalteten regelmäßig Feste, bei denen sie die männlichen Höflinge in weibliche Kleidung zwangen und umgekehrt dafür in männlicher Kleidung auftreten konnten. Beide Geschlechter präsentierten dabei ihren Körper möglichst unbehaart.

Das Ideal des glatten Körpers in der Kunst

Der glatte weibliche Körper war auch in der darstellenden Kunst jahrhundertelang die Norm. Die gesamte frühmoderne Kunstgeschichte hindurch wurden sowohl der nackte weibliche als auch der nackte männliche Körper unbehaart dargestellt. Einzig die Schambehaarung des Mannes, zumeist fast vollständig überdeckt von Feigenblättern, deutet in Ansätzen auf das natürliche Haarkleid hin. Dort, wo diese fehlt, wie bei Michelangelos Fresken in der Sixtinischen Kapelle, symbolisiert das Fehlen die Geschlechtsunreife des Menschen; erst nach dem Sündenfall wurde sich der Mensch seines Geschlechts bewußt.

Adam und Eva
(Kupferstich von
Albrecht Dürer,
1504)

Schon die griechischen und römischen Bildhauer verboten sich die naturgetreue Darstellung des nackten weiblichen Unterleibs. Stets umhüllten Tücher dezent diesen Teil der weiblichen Physiognomie. Auch in den nachfolgenden Epochen der europäischen Kunst wurde die explizite Abbildung der Schamhaare wie der Vulva sowohl in der Bildhauerei als auch in der Malerei vermieden. Lediglich in der pornographischen Subkultur, insbesondere in den zahlreichen Stichen, erlaubten sich Künstler deren Darstellung. Ein Blick in die Sammlungen der ersten pornographischen Photographien zeigt, daß sich die Konsumenten dieser Bilder offensichtlich nicht an der natürlichen Körperbehaarung der Aktmodelle stießen. Bis zur Wende vom

19. ins 20. Jahrhundert wiesen die Modelle ihre natürlichen Scham- und Achselhaare auf. Ohne Zweifel kamen die Darstellerinnen aus den untersten gesellschaftlichen Schichten, in denen andere Schönheitsideale galten und andere Möglichkeiten der Körperpflege existierten. Allerdings konnten sich diese Photographien nur Männer aus den gehobenen Schichten leisten, die sich zudem aufgrund ihrer gesellschaftlichen Position der Kontrolle der Sittenpolizei zu entziehen vermochten. Insofern geben die Photos auch die ästhetischen und erotischen Vorlieben der männlichen Oberschicht wider. Im öffentlichen Raum unterlag die Nacktheit von Frauen allerdings weiterhin strengen Verboten, sieht man von der Darstellung der weiblichen Brüste ab. Sogar die reine Madonna gibt in den zahlreichen Andachts- und Kirchenbildern dem Säugling ihre nackte Brust.

Goyas Porträt der *Nackten Maya* (1797) deutet erstmals durch zarte Schatten im Genitalbereich die Schambehaarung des Modells an. Zur Wirkungsgeschichte des Bildes gehört übrigens, daß es bis in das 20. Jahrhundert nie einer breiten Öffentlichkeit zugänglich war und erst 1930 (wieder)entdeckt wurde. Bekannt war nur die ›Angezogene Maya‹. Goyas öffentliche Reputation litt daher nicht, im Unterschied zu der William Ettys (1787–1848), der zwanzig Jahre später ähnliche Bilder malte. Dessen naturgetreue Darstellung von Frauen brachte ihn in den Verruf, ein Pornograph zu sein. Ein Vorwurf, der sein gesellschaftliches Ansehen beeinträchtigte; seine Bilder verkauften sich aber um so besser.

Zum entscheidenden Bruch in der Darstellung von weiblicher Nacktheit kam es zu Beginn des 20. Jahrhunderts. Die Aktbilder des Jugendstilmalers Gustav Klimt, besonders aber die Zeichnungen Egon Schieles, empörten nicht zuletzt wegen dieses Details die bürgerliche Öffentlichkeit und ließen das Verdikt der Pornographie aufkommen, genau zu dem Zeitpunkt, da die pornographischen Bilder die enthaarte Frau als Ideal entdeckten. Schiele scheute dabei nicht einmal davor zurück, Achselhaare abzubilden, ohne Zweifel ein Skandal in der Welt des Bürgertums. Im heutigen Verständnis von Normalität und Devianz ist es hingegen eher die Darstellung der im Schambereich epilierten Frau, die einen Konventionsbruch repräsentiert.

Eine ähnliche Anschauung des Legitimen wie in Europa um 1900 kennzeichnet bis heute die japanische Gesellschaft. Dort wird die Abbildung von weiblichen Schamhaaren strafrechtlich nach dem Pornographiegesetz verfolgt, nicht aber die photographische Darstellung der unbehaarten Vulva. Während das Bild von den Schamhaaren schamvoll versteckt wird, können reale Schamhaare junger Mädchen in speziellen Automaten gekauft werden.

Nach dem Ersten Weltkrieg begann ein entscheidender ästhetischer und kultureller Wandel. Frauen forderten die ihnen bislang vorenthaltenen Rechte ein, begannen, sich zu emanzipieren und einen neuen Begriff von Weiblichkeit zu definieren. Zunächst befreiten sie sich von den einschnürenden und umhüllenden Moden des ausgehenden 19. Jahrhunderts. Die Kleider wurden kürzer, und erstmals wurden die nackten Beine der Frauen, einst Inbegriff des sexuell Erregenden und Obszönen, in der Öffentlichkeit zur Schau gestellt. Ebenso kamen die ersten ärmellosen Kleider auf den Modemarkt.

1915 veröffentlichte das US-Magazin *Harper* die ersten Photographien von diesen nach damaligem Empfinden halbnackten Frauen und legte Schnittmuster für solche Kleider bei. In den Gesellschaftskolumnen begann sogleich eine hitzige Debatte über die angemessene Repräsentation des weiblichen Körpers. Die meisten um Feminität besorgten Kommentatoren in den Frauenmagazinen empfahlen die Rasur der Achsel- und Unterarmhaare. Sehr rasch verschob sich der Diskurs um die Glätte des Körpers weg von ästhetischen Kriterien hin zu einer Debatte um Körperhygiene. So benutzte die Kosmetikindustrie in den Vereinigten Staaten zwei Schlüsselworte bei der Bewerbung der neuen Vorstellungen: Weiblichkeit und Hygiene. Körperhaare, insbesondere die Achselhaare, wurden in diesen Kampagnen als Brutstätten von schädlichen Bakterien identifiziert. Es bedurfte folglich einer Gegenstrategie. Die Industrie ersann eine Reihe von Enthaarungsprodukten, die sie erfolgreich auf dem Markt plazieren konnte. Bis zu diesem Zeitpunkt griffen Frauen meistens auf traditionelle Mittel zurück, die sie selbst herstellen konnten oder die sich in ihrer Umwelt fanden, dazu gehörten vor allem Baumharze. Die zahlreichen Frauenmagazine, erfolgreicher aber noch die Filme, provozierten eine riesige Nachfrage nach industriell gefertigten Produkten.

Die Beinhaare der meisten Frauen wurden allerdings noch viele Jahre unter blickdichten Wollstrümpfen versteckt, die in Ermangelung von Alternativen im Sommer wie im Winter getragen wurden. Strümpfe aus Seide konnte sich nur eine kleine Elite leisten. Erst die Erfindung der Nylonstrümpfe und deren Massenproduktion, die in Europa erst mit dem Ende des Zweiten Weltkrieges aufgenommen wurde, änderte auch diese Sitte. Manch eine junge Frau im zerstörten Nachkriegseuropa rasierte sich die Beine und malte mit Filzstift eine Naht auf die nackte Haut, nur um den Besitz dieses kostbaren Gutes vorzutäuschen.

Weil es unter langen Röcken versteckt blieb, übte das glatte Bein der Frau einen besonderen Reiz aus (Augsburger Modekupfer, 19. Jahrhundert)

Reklame für spezielle »Haarentferner« für die Frauen, aus: »Messer und Schere« (1927).

In den USA setzte sich die Praxis der Beinenthaarung rascher durch als im agrarischen oder kriegszerstörten Europa, das zudem in einem geringerem Ausmaß von den Bildern der Medienwelt beeinflußt wurde. Billy Wilder persiflierte schon 1959 in *Some Like It Hot* dieses Spezifikum der weiblichen Körperästhetik in den USA. Kein anderes Detail der Verwandlung vom Mann zur Frau ruft bei den Protagonisten des Films einen stärkeren Widerstand hervor als die Epilation der Beine. Mit der Enthaarung der Beine gleichen sie ihren Körper scheinbar endgültig an jenen der Frauen an, nachdem sie bereits durch den Kleiderwechsel einen Schritt hin zur Feminisierung getan haben.

Wie tief die Trennung zwischen unbehaarten weiblichen und behaarten männlichen Beinen inzwischen im kulturellen Bewußtsein verankert ist, beweist eine Episode aus der Sendung *Wetten, daß*. Zum Gaudium des Publikums enthaarten sich Hugh Grant und

Thomas Gottschalk nach einer verlorenen Wette eine kleine Stelle ihrer Beine und agierten dabei, als ob es sich um eine Kastration handle. Selbstverständlich gehörte das schmerzverzerrte Gesicht der beiden Showgrößen dazu; vom realen Schmerz der Frauen bei dieser immer wiederkehrenden Prozedur sprach hingegen niemand.

Organisierte Proteste gegen diesen Zwang stammen vor allem aus der Frauenbewegung, zu deren ersten Aktionen das Verbrennen von BHs und der Aufruf zum Boykott der Beinenthaarung gehörten. Innerhalb der uneinheitlichen Bewegung sollten jedoch nur radikale Vertreterinnen von lesbischen Frauen in den USA zur Verweigerung der Beinenthaarung dauerhaft aufrufen. Noch heute wird daher der nichtepilierten Frau, dem nichtepilierten Mädchen in den USA eine gleichgeschlechtliche Orientierung nachgesagt.

Das neue Unterhaltungsmedium, das die Photographie in gewissem Sinne ablöste, nämlich der Film, folgte dem in den Magazinen vorgegebenen Trend. Bereits ab den Produktionen der zwanziger Jahre des 20. Jahrhunderts traten fast ausschließlich glattrasierte Frauen, aber auch Männer, auf. Das Ideal des rasierten Mannes, der keine Brustbehaarung aufwies, begründete sich zu diesem Zeitpunkt vor allem in den rassistischen Auffassungen der amerikanischen Gesellschaft. Haarige Männer ähnelten den gering angesehenen süd- und osteuropäischen Einwanderern, die damals zu Millionen nach Amerika kamen und das neue Proletariat bildeten. Sie eigneten sich wenig als Helden im neuen Medium, das primär für den Geschmack der tonangebenden angelsächsischen Gesellschaft Vor-Bilder liefern sollte. Sein Idealbild sah der angelsächsische Mann im glatten und muskulösen Krieger antiker Provenienz, der im Unterschied zur rohen Natur der Neueinwanderer Kultur und Zivilisation besaß.

»Muscular christianity« nannte eine einflußreiche protestantische Reformbewegung in den USA die Fokussierung auf das Ideal des muskelstrotzenden männlichen Körpers, das dem Bodybuilding zum ersten Male eine Bedeutung einräumte. Freilich bedurfte es noch weiterer kultureller Verschiebungen, bevor Bodybuilding allgemein gesellschaftlich praktiziert wurde und nicht mehr vom Geruch homosexueller Inszenierung umgeben war. Hollywood übernahm jedenfalls diese neue Ästhetik bereitwillig und inszenierte sie erfolgreich für ein Massenpublikum, das in die Kinos strömte. In den zahlreichen Tarzan-Filmen, in denen Johnny Weismüller und später Lex Barker den halbnackten Dschungelhelden darstellten, fand der Kult um den unbehaarten virilen Körper seinen ersten und dauerhaften Ausdruck.

In den Anfangszeiten des Kinos gehörte die Darstellung des entblößten männlichen Oberkörpers ohnedies zu den tabuisierten Bereichen, während Schauspielerinnen vor allem in den Revuefilmen wesentlich weniger bekleidet auftraten als die männlichen Kollegen. Lediglich in den Boxerfilmen, in einzelnen Abenteuerfilmen und in den Heldenepen sah die Zensur über die Erotisierung des männlichen Körpers hinweg. Die große Zeit der »Brustfilme« kam erst in den fünfziger Jahren; durchaus nicht ironisch firmiert diese Filmepoche im Amerikanischen unter der Bezeichnung »Age of the Chest«. Zum selben Zeitpunkt, da die Oberweite der weiblichen Stars immer größer wurde, erreichte auch der muskulöse Brustumfang der männlichen Schauspieler immer breiteren Umfang. Freilich fehlten in den begleitenden Magazinen die Maßangaben für den Körper der Männer, die bei Frauen gerne hinzugefügt wurden. Zum ersten Mal durften, ja mußten die Schauspieler ihre Hemden ausziehen und ihren gestählten, wenngleich immer rasierten Oberkörper darbieten. Die zahlreichen Fortsetzungen der Tarzanfilme, viel mehr aber noch die Muskelfilme, Historienfilme und die beliebten Bibelepen boten hierfür reichlich Gelegenheit.

Lediglich ein einziger Monumentalfilm der 50er Jahre stellte eine Ausnahme von der Regel des Zwangs zur Rasur dar. Im Bibelepos *Die 10 Gebote* verkörpert Charlton Heston Moses, sein Gegenüber Yul Brynner den despotischen Pharao Ramses. Hestons muskulöse Brust, nie aber der Bauch des Muskelhelden, weist Haare auf, Yul Brynner ist demgegenüber oppositionell angelegt: vollkommen kahl. In dieser gegensätzlichen Paarung symbolisiert Heston die Natürlichkeit des jüdischen Volkes gegenüber der gekünstelten Welt der ägyptischen Zivilisation. Zum Kinostart konnte das Publikum die politischen Botschaften, die in dieser Oppositionspaarung angelegt waren, leicht für sich entziffern. Moses, das Volk Israel, standen für Amerika; der Pharao und damit Ägypten für die feindlichen und übertriebenen Zivilisationen, die den Rest der Welt bildeten. Nur deshalb konnte vom Code der Glätte abgegangen werden, ohne ihn dauerhaft in Frage zu stellen.

Eine Analyse der Photographien aus den zwanziger und dreißiger Jahren veranschaulicht die wechselnden Körpermoden. Damals kam in Mitteleuropa die Freikörperkultur auf, die sich als Alternativbewegung zur repressiven bürgerlichen Moral verstand. In ihren Grundsätzen wollte sie die Rückkehr zur Natürlichkeit des Körpers und der Geschlechterbeziehung erreichen. Tatsächlich aber war diese Natürlichkeit inszeniert und zeichnete sich in erster Linie durch die künstliche Glattheit des Körpers aus. Es handelte sich um eine Stilisierung des Körpers. Die Ästhetik der Freikörperkultur wurde von den Nationalsozialisten übernommen. So kennt Leni Riefenstahls filmische Apotheose der faschistischen Ideologie nur den unbehaarten Jüngling. So wenig wie der Faschismus oder der ikonographisch verwandte Stalinismus Erfinder dieser Ästhetik waren, so wenig genuin war allerdings auch die Freikörperkultur in der Formulierung des Ideals. Sie alle orientierten sich in ihren Inszenierungen des Männlichen an jenem antiken Vorbild, das Winckelmann im 18. Jahrhundert als für Europa bestimmend festgelegt hatte. Groteskerweise zeigte sich ausgerechnet in Italien der Duce mit nacktem Oberkörper und dicht behaarter Brust der Öffentlichkeit.

Ungeachtet der folgenden politischen Systembrüche blieb der verfilmte Männerkörper bis zum Ende der sechziger Jahre glatt. Erst Ende der sechziger und in den siebziger Jahren trat ein Wechsel ein: Es tauchten allmählich brustbehaarte muskulöse Männer in der Filmwelt auf. Burt Reynolds zählte zu den Wegbereitern dieser neuen Ikonen der Männlichkeit. Er war es auch, der als erster »pinup man« nackt für Magazine posierte. An Sean Connerys behaarte Brust durften sich sodann zahlreiche Bond-Girls lehnen. Wie so oft in seiner Geschichte modernisierte sich Hollywood, ohne sich gleichzeitig den konservativen Strömungen völlig zu entfremden. Die Stars der Traumfabrik mußten männlich, durchtrainiert und von der Aura der Heterosexualität umgeben sein. Die Filmwelt stand in bewußter Antithese zur Musikwelt und zu Gruppen wie den *Rolling*

Stones, den *Beatles* oder einem Sänger wie David Bowie. Diese zeigten nämlich auf der Bühne ihren schlanken unbehaarten Oberkörper und repräsentierten ungeachtet ihrer medialen Inszenierungen als mädchenverschleißende Sexungeheuer eine sexuelle Ambivalenz. Die moralisch zweifelhaften, weil sexuell nicht eindeutigen Stars der Rockwelt fanden später ihr Gegenstück in der Diskoszene, deren Aufstieg mit John Travoltas Darstellung des Tony in *Saturday Night Fever* begann. Schlank und mit überquellendem Brusthaar repräsentierte er eine Jugendkultur, die wenig Interesse an Politik, dafür aber viel an Vergnügen und Konsum hatte. Patrick Swayzes Porträt eines Tänzers in *Dirty Dancing* stellte hingegen wieder die Rückkehr zur ästhetischen Tradition des unbehaarten Athleten dar.

Zwischen diesen beiden Filmen liegt die wechselvolle Geschichte der Befreiung von gesellschaftlichen Zwängen und des Neokonservativismus der Reagan-Epoche. Die Rückkehr zur Tradition des glatten Körpers korrespondiert mit der Remilitarisierung der USA und damit verbunden der Fetischisierung des soldatischen Körpers. Sie hat ihre Ursache aber auch in der großen Gesundheitskrise, in der AIDS die westliche Kultur und ihr Bildnis von Männlichkeit verunsicherte.

Jene Krankheit, die immer auch als Metapher und Projektionsfläche für soziale und geschlechtliche Abweichung fungierte, brachte den üppigen Schnauzbart und die kurzen Haare mit einer Generation in Verbindung, die an AIDS litt und an AIDS starb. Der »San-Francisco-Clone«, Inbegriff einer maskulinen schwulen Ästhetik der siebziger Jahre, drohte buchstäblich auszusterben. An dieser stigmatisierten Ästhetik, die homosexuelle Männer auch optisch von der Mehrheitsbevölkerung unterschied, wollten die schwulen Männer nicht länger festhalten. Es setzte sich in den US-amerikanischen Schwulenghettos und Lebenswelten der Kult um den rasierten, muskulösen, jugendlichen Körper des konstruierten Durchschnittsamerikaners durch. Die angefeindete Subkultur wollte nach außen hin ihre Anpassung, Normalität und vor allem Gesundheit signalisieren und darüber hinaus die heterosexuelle Männerwelt in deren Männlichkeit übertreffen. Vorbild für die neue Selbstinszenierung war das bis zu diesem Zeitpunkt wenig gesellschaftlich geachtete Bodybuilding, das Eugene Sandow im Milieu der Unterschichten zu Beginn des 20. Jahrhunderts aufgebracht hatte. Es erlebte von Kalifornien ausgehend sowohl bei den homosexuellen als auch bei den heterosexuellen Männern seine Renaissance.

Der künstlich aufgepumpte Körper verlangte nach Glätte und Rasur. Arnold Schwarzenegger, Sylvester Stallone, Dolf Lundgren und ihre zahllosen Nachfolger in den Actionfilmen repräsentieren diesen neuen und zugleich alten Typus des männlichen Helden. Freilich spricht »man« über die Körperrasur nicht, und erst seit kurzem tauchen spezifische Kosmetika für den zu enthaarenden männlichen Körper auf dem Markt auf.

Der Wandel vollzog sich freilich nicht nur in den Produktionen Hollywoods. Auch die zum Millionengeschäft gewachsene Pornoindustrie folgte den Trends der Filmwelt. Auf Videokassetten liefert sie – sich euphemistisch als »adult entertainment« bezeichnend – die Darstellung von hetero- und homosexuellen Phantasien. Lediglich einzelne Akteure durchbrechen dabei den Code der Glätte.

Abseits des Mainstreams stellt die Pornoindustrie allerdings auch Produktionslinien für alle möglichen Vorlieben her – so auch für die Liebhaber von behaarten Männern; behaarte Frauen tauchen ausschließlich in den sogenannten »Home-videos« auf. Zusätzlich stellen die Firmen besondere Fetischkollektionen her. In ihnen wird die Körperrasur in allen Stadien dargestellt, ohne daß es zu geschlechtlichen Szenen kommt.

Die Körperrasur wurde nach den Ereignissen vom 11. September 2001 für viele zum gesellschaftlichen Zwang. Stark behaarte Männer stehen in den USA im Verdacht, arabischer Herkunft zu sein und damit in Opposition zum »American way of life« zu leben. Um sich der Terrorverdächtigungen und -unterstellungen der besorgten »homefront« zu entziehen, rasieren sich der *New York Times* zufolge mehr Männer als vor dem Terroranschlag, insbesondere ihre Rückenhaare. Die Industrie der Enthaarungscremes nutzt diese Situation geschickt aus und erklärt in den Werbesendungen die Vorteile der Glattrasur für das Familienleben: »Endlich können Sie wieder unbesorgt mit ihren Söhnen draußen Basketball spielen und im T-Shirt herumlaufen«.

Augenbrauen

Zum kulturellen Erscheinungsbild des Weiblichen in der westlichen Welt gehört nicht nur die sanfte Glätte des Körpers, sondern gehören auch die Makellosigkeit und Symmetrie des Gesichts. Diese wird auch über schmale Augenbrauen definiert; buschige Brauen hingegen sind ein Zeichen von Männlichkeit und ein Symbol des Diabolischen. Diese Grundregel galt bereits im antiken Rom, wo sich die Patrizierinnen ihre Augenbrauen bis auf eine gerade Linie entfernen ließen. Die Brauen des Mannes behielten ihre ursprüngliche Gestalt. Eine kosmetische Veränderung ähnlich der der Frauen hätte die Augenbrauen ihrer Funktion für die Körpersprache beraubt. Das Heben und Senken der Brauen wird seit der Römischen Kaiserzeit als Zeichen des plötzlichen Interesses oder des Mißfallens gedeutet. Durch ein »raising of the eyebrows« bekunden heute noch englische Parlamentarier ihr Erstaunen oder ihre Ablehnung von Anträgen oder Reden. Zwischen dem Ende des Römischen Reiches und der Eleganz des Renaissancehöfe blieben die Brauen der Frauen eine Zeitlang unangetastet. Die »Kultivierung« der Höfe, viel mehr aber noch das neue Bild, das sich die Renaissancegesellschaft von den Frauen schuf, hatten direkte Folgen für das Gesicht der adeligen Damen. Die blonde Edelfrau, deren Haaransatz ausgezupft wurde, repräsentierte das Idealbild dieser Gesellschaft. Eine hohe gewölbte Stirn zu haben, galt als Maß für die Edelfrau. Die Augenbrauen wurden ebenfalls ausgezupft, vollkommen oder so, daß zwei schmale Bögen übrigblieben. Um mit den gebleichten Haaren zu kontrastieren und einen Rahmen für die Augen zu bilden, färbte man diese Brauen tiefschwarz ein. Als die Mode schon längst wieder zugunsten eines natürlicheren Umgangs mit dem Körper an Bedeutung verloren hatte, belebte Königin Elisabeth I. von England diese Tradition wieder. Sie behielt zwar ihre Wimpern, ließ sich aber die Augenbrauen täglich zu einer schmalen Linie zupfen und die Stirnhaare rasieren. Bewußt stilisierte sie ihr Gesicht zur Maske, um ihre Position als unverheiratete Frau auf einem Königsthron unangreifbar zu machen.

Einem anderen Selbstverständnis folgte die bürgerliche Welt Hollands im 17. Jahrhundert. Die Porträts des protestantischen Han-

Elisabeth I., Königin von England (Holzschnitt, 1592)

delsbürgertums zeigen die Gesichter der Frauen in ihrer ungeschminkten »Natürlichkeit«. Jedem Putz und jeder kosmetischen Veränderung abhold, repräsentierten sie eine natürlich-ungezwungene Alternative zur Welt des Hofes.

Wimpern

Zuletzt noch ein kurzer Exkurs zur Geschichte der Wimpern, für die es in den älteren deutschen Sprachdokumenten noch keinen eigenständigen Ausdruck gibt. Sie wurden bis ins Spätmittelalter unter dem Begriff der »Brauen« subsumiert und teilten tatsächlich häufig das modische Schicksal der Brauen. Einmal galten sie als unästhetisch und wurden ausgezupft, wie auf zahlreichen Frauenbildnissen der Renaissance zu sehen ist, ein anderes Mal galten lange und dichte Wimpern als erstrebenswert und besonders feminin.

In einem wesentlichen Punkt aber unterscheiden sich die Wimpern von jenem Haarbogen über den Augen. Sie werden von Frauen seit jeher als ein Mittel zur nonverbalen Kommunikation eingesetzt.

In einer Gesellschaft, die Frauen zumeist zur Sprachlosigkeit verurteilte, gab es für Frauen spezifische Formen der nonverbalen Kommunikation mit der Umwelt. Männern kommt in den patriarchalen Kulturen das Privileg des Ansprechens bzw. des direkten Anstarrens zu. Der schamhafte Blick, der Blick zu Boden und der Augenaufschlag dagegen sind seit jeher die im Abendland als angemessen angesehenen Formen der weiblichen Kommunikation. Heinrich von Morungen hielt in einem Minnetext fest: »Welche Frau die Augen hinauf- und hinunter- und hinüberwirft wie einen Ball und das auch noch mit viel Gelächter, die schmückt das Haus der Tugend nicht.« Der schamhafte Blick war eine der Möglichkeiten, das Bewegen der Wimpern eine andere, um die Kommunikation mit dem männlichen Gegenüber zu führen und »keusch« auf sich aufmerksam zu machen. Künstlich verlängerte Wimpern verstärkten den Eindruck der demütigen Botschaft und gaben zugleich die Möglichkeit, diese Botschaft zu konterkarieren. Für die Herstellung der ersten künstlichen Wimpern verwendete man die Haare der Hermeline; Mäusehaare waren die billigere Variante dieser Verlängerung.

Übermäßig große und falsche Wimpern gehören heute vor allem in die Welt der Übertreibung der Drag Queens und des Obsessiven. Larry Paciotti, die bekannteste Drag Queen Amerikas, beschreibt in ihrer Autobiographie den entscheidenden Schritt hin zur Perfektion: »She also taught me to apply fake eyelashes, something I'd always struggled with. I used to get glue to my eye and would stumble around blindly, fake lashes stuck to my fingers, my cheek and between my eyebrows, giving me that not so attractive unibrown look.« (Sie hat mir auch beigebracht, wie man sich falsche Wimpern anklebt. Damit habe ich früher immer Probleme gehabt. Ich schmierte mir den Kleber immer in die Augen, woraufhin ich blind herumwankte. Die falschen Wimpern klebten mir dann an den Fingern, den Wangen und zwischen den Augenbrauen, was mir einen weniger attraktiven Balkenbrauen-Look bescherte.)

Nicht nur Transvestiten tragen lange, falsche Wimpern. Darstellungen und Karikaturen aus der Zwischenkriegszeit zeigen schwule Männer immer mit besonders langen und gebogenen Wimpern. Der heterosexuelle Mann hingegen hatte kurze Wimpern zu haben und durfte mit ihnen unter keinen Umständen klimpern. Die Hinnahme von Schmerz, »ohne mit der Wimper zu zucken«, ist ein sprichwörtliches Merkmal für Männlichkeit.

3. KAPITEL: DER FRISIERSALON

Friseurskandale

Vor wenigen Jahren konzentrierte sich die Berichterstattung amerikanischer und britischer Blätter wochenlang auf ein pikantes Thema, und dabei wurden immer neue und bizarrere Facetten im Leben der politisch Mächtigen veröffentlicht. Durch Indiskretion war ruchbar geworden, daß sich sowohl der amerikanische Präsident als auch seine Gattin ihre persönlichen Friseure respektive Haarstylisten bei Auslandsaufenthalten nachfliegen oder sie gleich mit in die Präsidentenmaschine setzen ließen. Der Preis eines einfachen Haarschnitts für den Präsidenten oder die tadellose Frisur der First Lady betrug somit zuweilen mehrere tausend Dollar auf Kosten der US-Steuerzahler. Ein ähnliches Verhalten des britischen Premiers Tony Blair beschäftigte wenig später die englischen Gazetten. Auf Cherie Blairs Anraten hin war ihr Mann auf der Fahrt zu einem G7-Gipfel von einem bekannten englischen Stylisten begleitet worden mit der Aufgabe, ihn täglich mit einer repräsentablen und photogenen Frisur zu versehen.

In beiden Fällen hatten politische Gegner die Geschichten geschickt lanciert, um jene nationalen Führungsgestalten zu diskreditieren, die sich selbst gerne als die Vertreter des Durchschnittsbürgers stilisierten. Im Falle des britischen Premiers handelte es sich sogar um einen Labour-Politiker, der solchen Extravaganzen der Neureichen in seinem Wahlprogramm explizit abgeschworen hatte. Friseur und Frisur wurden kurzzeitig zu einem Skandal und drohten die Glaubwürdigkeit beider Politiker zu erschüttern. Nach geraumer Zeit verlor die Öffentlichkeit jedoch das Interesse an den haarigen Geschichten, und niemand fragt seither, wann und unter welchen Umständen Präsident, Premier oder deren Gattinnen ihren Haarschnitt erhalten.

1998 aber, nachdem der erste »Friseurskandal« der Vergessenheit anheimgefallen war, versuchte die britische Yellow Press den englischen Schatzminister Gordon Brown und seinen Regierungskollegen Peter Madelson in ähnlicher Weise zu kompromittieren. Beide bestellten nämlich die Friseure des renommierten Salons *Michelangelo* zu sich nach Hause. Wohnhaft unter der ehrwürdigen Adresse Downing Street Nummer 11, bezahlten sie für den privaten Besuch den verlangten Preis von 100 Englischen Pfund. Im Geschäft hätte sie der Haarschnitt freilich nur 30 Pfund gekostet. Auch diese Geschichte gab in ihrer Wiederholung Anlaß zu wüsten Attacken gegen die angebliche Prunk- und Verschwendungssucht von New Labour, obgleich beide die anfallenden Kosten privat beglichen hatten. Insbesondere im stark personalisierten Politleben der angelsächsischen Länder wird das Privatleben reformorientierter Politiker zunehmend für Negativkampagnen herangezogen, während sich das Establishment diesen Formen der Investigation nicht zu stellen braucht. Nicht die Beschaffenheit der jeweiligen Politik steht im Zentrum der Kritik, sondern die abstrakte Moral.

Verglichen mit dem legendären Haarschnitt Vidal Sassons für Mia Farrow im Jahre 1968, der die Produzenten des Filmes *Rosemaries Baby* 5 000 Dollar kostete, war die in England zur Debatte stehende Summe freilich gering. Gleichsam billig erscheint die Friseurleistung in der Downing Street auch im Vergleich zum Igelschnitt und der Färbung, die sich der englische Fußballstar und Ehemann von *Spice Girl* Victoria Adams David Beckham verpassen ließ. Gerüchteweise mußte er für das neue Outfit 1 000 DM hinlegen.

Tatsache ist, daß die wirklich Mächtigen niemals, außer vielleicht zu Wahlkampfzeiten, ein Frisiergeschäft als Kunden zu den regulären Öffnungszeiten aufsuchen würden. Es versteht sich im Kontext der inszenierten Öffentlichkeit, daß männliche Politiker – oder Politiker, die auf ihr männliches Image besonderen Wert legen –, wenn sie denn doch einmal einen Friseurladen aufsuchen, sich dort nur ihre Haare schneiden lassen dürfen. Föhnen, insbesondere aber Färben, bleibt den Augen der Öffentlichkeit verwehrt. Warum dies? Beides signalisiert »Verweiblichung« und »Unechtheit«. Gerhard Schröder zog daher auch vor Gericht, als ihm das Färben seiner Haare öffentlich in der Presse nachgesagt wurde. Zwar gewann er die Unterlassungsklage, er wurde aber für Monate Zielscheibe hämischen Spottes, und zwar nicht nur seitens seines konservativen und weißhaarigen Herausforderers Edmund Stoiber. Weniger Probleme mit der Öffentlichkeit hat hingegen der turkmenische Diktator Nijasow, der sich neuerdings Turkmenbaschi nennt. Während ihn die überlebensgroßen Bilder in der Hauptstadt noch als leicht ergrauten »Vater des Volkes« darstellen, zeigen ihn aktuellere Bilder im Fernsehen inzwischen mit jugendlich frischer und pechschwarzer Haarpracht. Die Unruhen in der Region ließen es ihm offensichtlich angebracht erscheinen, sein Bild in der Öffentlichkeit mit den Attributen »jung« und »kämpferisch« statt mit »alt« und »weise« in Verbindung zu bringen. Wahrscheinlich war es nur die Eitelkeit, die den früheren österreichischen Bundeskanzler Viktor Klima veranlaßte, das Geheimnis seiner vollen Haarpracht gegenüber den ständig rätselnden Medien nicht preiszugeben. Seine Idee von der Machtstabilisierung band sich nämlich nicht an dieses kosmetische Detail – im Unterschied zu der des Diktators Turkmeniens. Auch Viktor Klimas Friseur schweigt allerdings eisern und hält ebenso zu seinem Kunden wie der Gerhard Schröders.

So ist es nicht überraschend, daß der bereits erwähnte Salon *Michelangelo* für seine ausgewählten Kunden spezielle Öffnungszeiten bereithält, die vor und nach der regulären Geschäftsdauer liegen. Die britischen Gazetten wollen wissen, daß dieses Angebot vor allem von Mitgliedern des Hofes und Schauspielern genutzt wird. Die Queen freilich wie auch Margaret Thatcher bestellen ihren Coiffeur zu sich nach Hause. Für das Meiden des Salons lassen sich gute Gründe selbst in der jüngsten Geschichte finden. Als der japanische Premier Obuchi am 9. März 2000 seinen Haarschnitt nicht unterbrach, um zu einer Unfallstelle zu eilen, stellte die Opposition daraufhin wegen seiner »Herzlosigkeit« einen Mißtrauensantrag gegen ihn. Obuchi versuchte sich damit zu rechtfertigen, daß er nicht zur Hälfte geschnitten vor die Fernsehkameras treten konnte; allein, seine Rechtfertigung erschien angesichts des Unglücks, zu dem es Stellung zu nehmen galt, als wenig überzeugend für die Presse und die japanische Öffentlichkeit.

Unter den tausend Bildern, die tagein, tagaus von Politikern gemacht werden, ist nur eine Photographie bekannt, die einen Mächtigen beim Haarschneiden zeigt: Henry Kissinger ließ sich auf dem Höhepunkt der Vietnamkrise in einem traditionellen »Barber Shop« ablichten. Das Bild zeigt ihn aber nicht als einfachen Kunden, sondern als Mann, der umgeben ist von Akten und Memoranden. Kissinger wollte mit dieser Inszenierung für die Medien zeigen, daß er in allen Lebenslagen die amerikanischen Staatsgeschäfte rastlos führt und niemals der Geschwätzigkeit, die solchen Orten inhärent ist, nachgibt. Der Ort des Haarschnitts, an dem dieses Bild entstand, war nicht zufällig gewählt. Der »Barber Shop« symbolisierte im in den USA der achtundsechziger Jahre – im Unterschied zum mondäneren Friseursalon oder »Beauty Shop« – heterosexuelle Männlichkeit und damit das traditionelle Wertesystem, gegen das die langhaarigen Collegestudenten rebellierten. Nur in dieser spezifischen Inszenierung der Aufnahme eines Politikers beim Friseur war das Bild legitim und im Interesse der Macht. Ansonsten gilt es, den Ort, der mit Weiblichkeit in Verbindung gebracht wird, zumindest als Politiker zu meiden.

Selbst Frauenministerinnen statten lieber Maschinenfabriken oder Einkaufszentren ihre Wahlkampfbesuche ab, als sich in diesem weiblichen Refugium mit Frauen über deren Alltagssorgen zu unterhalten. Zeitökonomische Gründe sind dafür in den seltensten Fällen ausschlaggebend, denn immerhin besuchen Politikerinnen mit Vorliebe im Blitzlicht der Medien Fitneßclubs, spielen Golf oder joggen die Straßen entlang. Es ist die spezifische Kultur des Frisiersalons, welche die politischen Eliten davon abhält, sich dort egalitär unter das Volk zu mischen. Seit jeher stehen der Frisiersalon und alle seine historischen Vorgänger in dem Ruf, ein Ort der Geschwätzigkeit und Belanglosigkeit zu sein. Private Zwiesprache wird hier sofort öffentlich, und Gerüchte, so heißt es schon in der Antike, finden im Friseur sowohl den geeigneten Empfänger als auch den stets unschuldigen Boten. Indiskretionen, manches Mal auch gezielte, gehören zum Alltag dieses Geschäftes, dem Verschwiegenheit fremd ist.

Viele in diesem Gewerbe begreifen sich allerdings auch als Therapeuten und Lebensberater des Alltags. Ernst Adler, einer der legendären US-Figaros, hat immer gerne behauptet, daß ein Besuch beim Friseur wesentlich nützlicher sei als sechs Sitzungen beim Psychiater. Der Film *Fried Green Tomatoes* ist sicherlich charakteristisch für die psychologische Betreuungsfunktion, die moderne Friseure gegenüber ihren Kunden und Kundinnen einnehmen.

Um ihr ambivalentes gesellschaftliches Ansehen respektive das ihrer Profession zu heben, definieren sich Friseure gerne als Künstler. Sie nennen sich Haarstylist, Haardesigner, Couleurist, Haargesundheitsberater oder schmücken sich mit der eitel klingenden Bezeichnung des Coiffeurs. Der größte deutsche Berufsverband in diesem Gewerbe trägt den stolzen Namen »Fachverband der Kunst und Technik der Friseure Deutschlands«. Kunst wird dabei weniger vom Verbum »können« abgeleitet als von der schöpferischen Kraft, und Technik versteht sich in diesem Kontext nicht als Fertigkeit, sondern als Befähigung, mit modernen Technologien umzugehen.

Seit jeher genoß der Barbier im adligen Haushalt eine Vertrauensstellung. (Kupferstich, 17. Jahrhundert)

Der erste Frisiersalon

Das Stigma des Zweifelhaften haftet dem zunächst männlich dominierten Beruf des Friseurs seit der Gründung des ersten Barbiergeschäftes an. Historiker datieren die Eröffnung des ersten Geschäftes auf dem italienischen Festland auf 300 v. Chr.. Ein griechischer Kolonist aus Sizilien gilt als der Urvater des Friseurgewerbes. Die üble Beleumundung, als Stätte der eitlen Rede zu fungieren, gründet offensichtlich nicht im Geschlecht der Kunden, da aus leicht einsehbaren Gründen in den ersten Jahrhunderten nur Männer die Dienste der Barbiere: der Bartschneider, in Anspruch nahmen. Auch die Neugründung des Gewerbes in der Doppelfunktion als Bademeister und Haarpfleger in den Städten der frühen Neuzeit verbesserte den Ruf nicht.

Zum einen erregte die scheinbare Mißachtung der eher sinnen- und körperfeindlichen bürgerlichen Moral und Ethik durch die Badehäuser Mißfallen, zum anderen sahen die städtischen Ratsherren ihre Autorität und die Ordnung der Stadtgemeinde durch »Schwätzereien« in den Badestuben gefährdet. Scharfe Kritik an den Badehäusern äußerte beispielsweise der volkstümlichste katholische Prediger des späten Mittelalters, Johann Geiler von Kaysersberg (1445–1510) in seinen Predigten, die vorbildlich wurden für Generationen katholischer Kleriker. Auch eine erhalten gebliebene Predigt aus dem 16. Jahrhundert belegt, daß das Badehaus als Ausgangspunkt von Verschwörungen angesehen wurde: »Dort sitzen sie im padestübel und reden ketzerisch wider Gott und Kaiser«. Trotz derartiger Verdachtsmomente dienten die Badestuben jedoch nie als Versammlungsort von Aufständischen. Nur in der Moderne ziehen sich die Männerbündler gerne in ihre diskreten Saunarunden zurück und beraten dort die Strategien ihrer politischen Ranküne. So kennt zwar Finnland keine Korruption in der öffentlichen Verwaltung, die entscheidenden Weichenstellungen für öffentliche Aufträge werden jedoch nach Berichten der Auslandspresse diskret in den privaten Saunen gestellt. Wahrscheinlich waren die Badestube und das Barbiergeschäft nie ordnungsgefährdend im engeren Sinne, aber sie waren Entstehungs- und Umschlagplatz für unzählige Gerüchte, nicht unähnlich den Märkten und Wäschereinigungsplätzen an den Flüssen.

Aus dieser historischen Beleumundung heraus ist es vielleicht zu verstehen, daß seit jeher weder in Barbier- oder Friseurstuben noch in den Badehäusern Tageszeitungen oder politische Journale für die wartenden Kundinnen und Kunden ausliegen. Statt dessen sollen die Klatsch- und Tratschzeitschriften der Yellow Press der Überbrückung der Zeit dienen. Für die männliche Kundschaft gibt es als Lesestoff zudem die sogenannten »Herren«- und Sportmagazine. Diesen Publikationen kommt vor allem eine Funktion zu: Indem sie einen launigen, jedoch durch und durch apolitischen Stoff für das Gespräch der Kunden und Kundinnen untereinander und mit den Friseuren vorgeben, beugen sie zugleich möglichen Kontroversen vor. Statt dessen soll die Kundschaft in dem Eindruck bestärkt werden, daß die Alltagswelt der Oberen und der Unteren letztendlich gleichermaßen von menschlichen, allzu menschlichen Dingen geprägt ist oder, einfacher formuliert, daß die Welt noch in Ordnung ist. Der Frisiersalon harmonisiert zumindest in seinen eigenen Mauern und für eine kurze Zeit die soziale Welt.

Der Kaffee oder das Glas Sekt, die heute der Kundschaft gereicht werden, vertiefen die suggerierte Intimität. Zurecht trägt der Frisiersalon wegen dieser individuellen Betreuung und seinen Service die Bezeichnung des »Salons«, des »Raumes für intime Empfänge«, wie er aus der Wohnkultur des 18. Jahrhunderts bekannt ist. Heute ist ein Frisiersalon, wenn er erfolgreich sein will, allerdings zugleich ein Multimediazentrum. Zumindest nach Londoner und New Yorker Maßstäben ist die computerunterstützte Beratung in diesem Setting ebenso notwendig wie ein Internetanschluß am Spiegel, ein Fax und ein Kopierer. War es vorher nur der »Terror« der Intimität, mit dem der Friseur seine Stammkundschaft an sich zu binden suchte, so wird dieser nun ergänzt durch den »Terror« der Technik, den das Bedürfnis nach nie enden wollender Erreichbarkeit hervorruft.

Zeitgleich mit der Entwicklung hin zu immer luxuriöseren Salons entsteht in den großen Einkaufszentren oder in den von Jugendlichen bevorzugten Wohngegenden eine neue Art des Friseurgeschäftes – der kostengünstige Schnellfriseur. Manchmal sogar im Stehen werden den Kunden die Haare geschnitten, die Haarwäsche erfolgt im Akkordverfahren, das Föhnen des Haares erledigt der Kunde selbst. Keine 15 Minuten benötigt der Friseur, um einen

Kunden zu bedienen. Besonders von jungen Leuten wird diese Art der Haarschneidekultur bevorzugt – paßt sie doch zugleich in deren durch Schnelligkeit und Erlebnishunger geprägte Kultur.

Eine Geschichte über den modernen Frisiersalon oder das traditionelle Frisiergeschäft verläuft an den Bruchstellen der europäischen Zivilisation und des Verhältnisses des Menschen zu seinem Körper.

Der Niedergang der antiken Stadtkultur bedeutete zunächst das Ende des professionellen Barbiergewerbes, das in der Spätantike zu einem Handwerk der Sklaven herabgesunken war. Die Ausübung des Handwerks durch Sklaven trug wesentlich mit zu der geringen Achtung des Barbiers bei.

Die »Barbaren« des Frühmittelalters, die sich in den entvölkerten römischen Siedlungen niederließen, trugen stolz ihre langen Bärte und Haare und benötigten folglich nicht die Dienste dieses Sklavenberufes. Lediglich den Priestern, Mönchen und einfachen Bauern schrieben die umfassenden Kleiderordnungen der Feudalzeit kurze Haare und zuweilen auch die Bartlosigkeit vor. Doch diesen Gruppen fehlte in der Naturalwirtschaft des frühen Mittelalters das Geld, um solche Dienste auch zu bezahlen. Innerhalb des Systems des »domus«, des ganzen Hauses, ließen sich dagegen stets helfende, wenngleich nicht immer geschickte Hände finden, die für Rasur und Haarschnitt zur Verfügung standen. Erst parallel mit der Blüte der Städte und der neuen Mode der Bartlosigkeit wurden wieder Haarspezialisten für die Dienstleistung am Kopf und im Gesicht des Mannes benötigt.

Die Bader

Von den Zeitgenossen als »Bader« bezeichnet, taten sie zunächst auch das, was man bei diesem Begriff zuerst assoziiert: Sie badeten Menschen beiderlei Geschlechts, reinigten sie und rasierten die Männer. Neben der äußeren Reinigung des Körpers gesellte sich zu den legitimen, jedoch sozial geächteten Aufgaben der Bader sehr bald die Reinigung des Körperinneren. In der mittelalterlichen Medizin herrschte nämlich der Glaube, daß sich durch die Purifikation des Körpers von bösen und überflüssigen Säften die Gesundheit wiederherstellen lasse. Menschen zur Ader zu lassen, gehörte daher zu den Heilpraktiken, die bei fast jeder Krankheit ungeachtet ihrer Ursache, des Erscheinungsbilds oder der Folgen angewendet wurden.

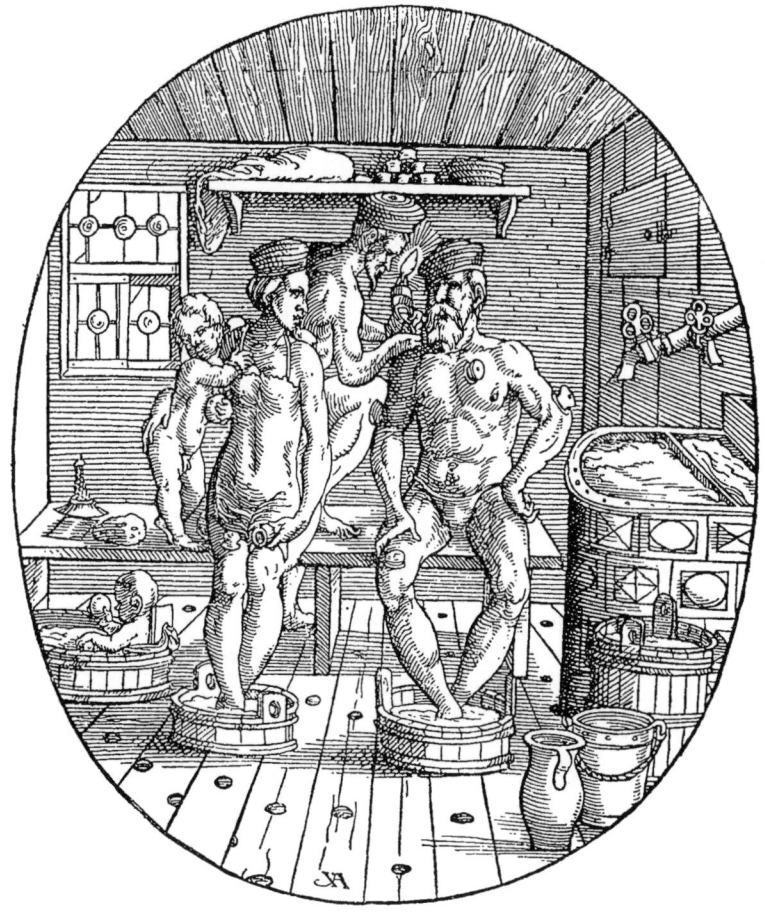

Eine Familie wird vom Bader geschröpft (Holzschnitt von Jost Ammann, 16. Jahrhundert)

Die Verabreichung von Salben und Medizin wurde hingegen weiterhin von den Mönchen und Nonnen der zahlreichen Klostergründungen vorgenommen, da sie ein höheres medizinisches Wissen voraussetzten. Die Trennung der medizinischen Handhabungen beruhte auf einer päpstlichen Entscheidung des Jahres 1163. Seither existierte über Jahrhunderte hinweg ein Verbot für Kleriker, Eingriffe vorzunehmen, bei denen Blut floß; Nonnen waren Eingriffe in den Körper ohnedies nie gestattet. Diese geringe Achtung der Chirurgie ist auch dafür verantwortlich, daß die vormoderne europäische Medizin fast ausschließlich auf Heilkräutern basierte. Der Umgang mit Blut galt lange Zeit als verwerflich und stellte die operativ tätigen Personen auf eine Stufe mit Scharfrichtern und Abdeckern, den Außenseitern der feudalen Gesellschaft. Dessenungeachtet schrieben zahlreiche mittelalterliche Klosterordnungen den Mönchen vor, sich regelmäßig zur Ader zu lassen, um den Geschlechtstrieb zu minimieren und sich anderer böser Säfte zu entledigen. Der Bader durfte wegen des strengen Hantierungsverbotes mit Blut für Kleriker jedoch niemals aus der eigenen Mönchsgemeinschaft stammen. Dafür bezahlten die Mönche wandernde Bader.

Nach einer jahrhundertelangen gesellschaftlichen Ausgrenzung bildeten in Frankreich Chirurgen und Bader 1361 gemeinsam eine anerkannte Gilde, was beiden erstmals den Status von »ehrsamen Bürgern« sicherte. Als ehrsamer Bürger konnte Ambroise Paré (1510–1590) eine Stelle am Hofe des französischen Königs Heinrich II. (1547–1559) antreten, zunächst als dessen persönlicher Bader (Rasierer), ehe er wegen seiner Geschicklichkeit und seiner ruhigen Hand nach und nach zum Hofchirurgen avancierte und drei weiteren Königen diente. In dieser geschützten und privilegierten Position war es Ambroise Paré möglich, sein medizinisches Wissen und Können an zahlreiche Schüler weiterzugeben und eine erste Schule der französischen Chirurgie zu begründen. Er wurde jedoch Zeit seines Lebens von den universitär ausgebildeten Ärzten angefeindet, die ihn um seine Stellung und seinen Einfluß am Hofe beneideten und als Quacksalber beschimpften, da er über keine Lateinkenntnisse und keine Universitätsausbildung verfügte. Die Universitätsmediziner blieben trotz der offensichtlichen Erfolge Parés ihren grausamen Techniken treu und trugen noch unter Ludwig XIV. (1643–1715) den Sieg in der Auseinandersetzung um das Monopol der medizinischen Ausbildung und Ausübung davon. Nicht unähnlich verlief die Entwicklung in den deutschen Ländern, wo die staatliche Zersplitterung den Prozeß der Privilegierung von Badergilden über zwei Jahrhunderte erstrecken ließ.

In England gewährte Edward IV. (1442–1483) erst 1462 die königliche Erlaubnis zur Gründung einer Badergilde. Zuvor konnten die Bader nur in einigen Städten als religiöse Bruderschaften am öffentlichen Leben teilhaben, nicht aber als selbstverwaltete Interessensgemeinschaften mit der Möglichkeit der Einflußnahme auf die Stadtpolitik. Aus Gründen der Verwaltungsvereinfachung vereinigte Heinrich VIII. (1509–1547) dann die Gilde der Bader mit der Gilde der Chirurgen. Dabei blieben aber die jeweiligen Vorrechte bei der Ausübung bestimmter Tätigkeiten erhalten: So blieben das Ziehen der Zähne und das Aderlassen beispielsweise ein Monopol der Bader. Nicht zufällig ähneln daher noch heute die gepolsterten schweren Stühle in manchen Frisiergeschäften jenen der Zahnärzte. Erst 1745 kam es in England auf Drängen der Universitäten und ihrer medizinischen Fakultäten wieder zu einer Trennung der beiden Professionen. Die Gründung eines *Royal College of Surgeons* erfolgte jedoch mit erheblicher zeitlicher Verzögerung erst 1800. Die englischen Chirurgen werden wegen dieser Vorgeschichte heute noch im Unterschied zu den anderen Ärzten mit »Mister« und nicht mit dem üblichen »Doctor« angesprochen.

Eine Frau beim Aderlaß und beim Bad (Nürnberger Kupferstich, 18. Jahrhundert)

Nach Jahrhunderten des Nebeneinanders nähern sich Chirurgie und Friseurgewerbe seit den achtziger Jahren des 20. Jahrhunderts in einem Berufsfeld wieder einander an: Die Schönheitschirurgie entdeckte das lukrative Feld des implantiven Haarersatzes. Anstelle von Perücken, die das Geschäft der Friseure waren und sind, bieten sie den operativen Haarersatz. Den Versprechungen der plastischen Chirurgie folgen immer mehr verunsicherte kahlköpfige Männer, die mit ihrem Wunsch nach vollständiger Haarpracht den Schönheitschirurgen im Jahre 1999 weltweit immerhin einen Umsatz von 2,2 Milliarden Euro garantierten. In England löste die Verschiebung des Umsatzes von den Friseuren und Perückenherstellern hin zu den Kliniken eine breit angelegte PR-Kampagne der Friseure aus. Sie wiesen in Radiospots und Inseraten auf das schmerzhafte und oftmals wenig erfolgreiche Procedere derartiger Operationen hin. Die Chirurgen konzentrierten ihre »Aufklärungsarbeit« in der Folge wiederum darauf, die Nähe ihres Berufes zu dem der Friseure zu verdeutlichen. Indem sie sich als »modern barbers« bezeichneten, versuchten sie die Wurzeln der Chirurgie und ihre althergebrachten Kenntnisse auf dem Gebiet der Haarkunst zu befestigen und das schlechte Image von Schönheitschirurgen vergessen zu machen.

Das Gewerbe der Bader verkam ab dem Hochmittelalter zu dem des volksnahen und vor allem billigen Heilers, der die Menschen zur Ader ließ. Diese medizinische Verrichtung blieb lange Zeit die Haupteinnahmequelle der Bader, wiewohl die Bandbereite der Tätigkeiten sich von der Verabreichung von Abführmitteln, der Heilung von Hautkrankheiten, dem Einrenken von Knochen bis hin zur Rasur erstreckte. Nur die ursprüngliche Aufgabe des Badens fiel weg, da die Badehäuser aus seuchenhygienischen Gründen nach und nach geschlossen wurden.

Die Grenzen zwischen dem Gewerbe des Baders, das ursprünglich ein reines Körperpflegehandwerk war, und dem Arztberuf waren daher aus zeitgenössischer Sicht fließend. Je nach Region war dem Bader das Bartscheren, das Aderlassen, das Wundbehandeln zeitweise erlaubt oder verboten – je nach Durchsetzungsvermögen der universitär ausgebildeten Ärzte und ihren Koalitionen mit der Obrigkeit. Betrachtet man die überlieferten Quellen, so lassen sich beide Handwerke nur anhand der Streitigkeiten und Prozesse voneinander unterscheiden. Erst im 18. Jahrhundert, dem Jahrhundert der Aufklärung, erhielten die Grenzen zwischen den Professionen schärfere Konturen. Danach setzten sich die Ärzte in den Städten durch, und die Barbiere beschränkten sich auf die Kunst, den Männern die Haare und den Bart zu schneiden.

Die Perücke

Im 18. Jahrhundert, dem Jahrhundert der Bartlosigkeit, erlebte nicht nur die Profession der Barbiere eine zuvor ungekannte Blüte, die sich auch in der Kultur widerspiegelt. Am Ende des 17. Jahrhunderts teilte sich das Gewerbe der Bader in das traditionelle Handwerk einerseits und in das der Perückenmacher andererseits. Letzteres, eindeutig ein Handwerk des Luxus, entfaltete sich zunächst in Frankreich als dem Geburtsort der barocken Schönheitspflege und Repräsentation. Erst mit mehreren Jahrzehnten Verzögerung folgten die deutschen Fürstenhöfe der französischen Sitte, um sie jedoch dann vollkommen zu übernehmen.

Die Mode, tagein, tagaus eine Perücke zu tragen, geht zunächst auf den früh erkahlten französischen Bourbonenherrscher Ludwig XIII. zurück. Er schämte sich, haarlos vor seinen Hof zu treten, wurde doch die Haarfülle als Symbol der männlichen Potenz angesehen. Da sich Ludwig zudem eher seinem eigenen Geschlecht zugeneigt fühlte, wollte er keinen weiteren Gerüchten über seine Männlichkeit Nahrung geben. Er kompensierte sein körperliches Manko mit einer hüftlang gelockten und naturfarbenen Perücke. Die Mode der Frauen blieb zu diesem Zeitpunkt davon noch unberührt. Der modischen Eingebung ihres Herrschers mußte sich zwar die gesamte männliche Aristokratie in den folgenden Jahren mehr oder weniger anpassen. Das Bürgertum, insbesondere die calvinistische Stadtbevölkerung, stand der eitlen Mode von Anfang an abweisend gegenüber.

Der mit dem französischen eng verwandte englische Hof folgte zunächst als einziger dem Vorbild Ludwigs XIII., sah sich aber gleichfalls in eine heftige Auseinandersetzung mit seinem Bürgertum verwickelt. Die puritanischen Reformer des Bürgertums lehnten den eitlen Schmuck der Stuart-Höflinge kategorisch ab und kreierten ihrerseits eine Mode, die als »Roundheads«, als Rundköpfe, in die Geschichte einging. Der Begriff »Roundheads« bezeichnete später alle Gefolgsmänner der Bürgerkriegspartei rund um Oliver Cromwell. Erst mit der Restauration der Stuarts kehrten die Perücken wieder auf die britische Insel zurück. Der französische Hof des Sonnenkönigs, den sie als Zufluchtsort gewählt hatten, diente als Vorbild für

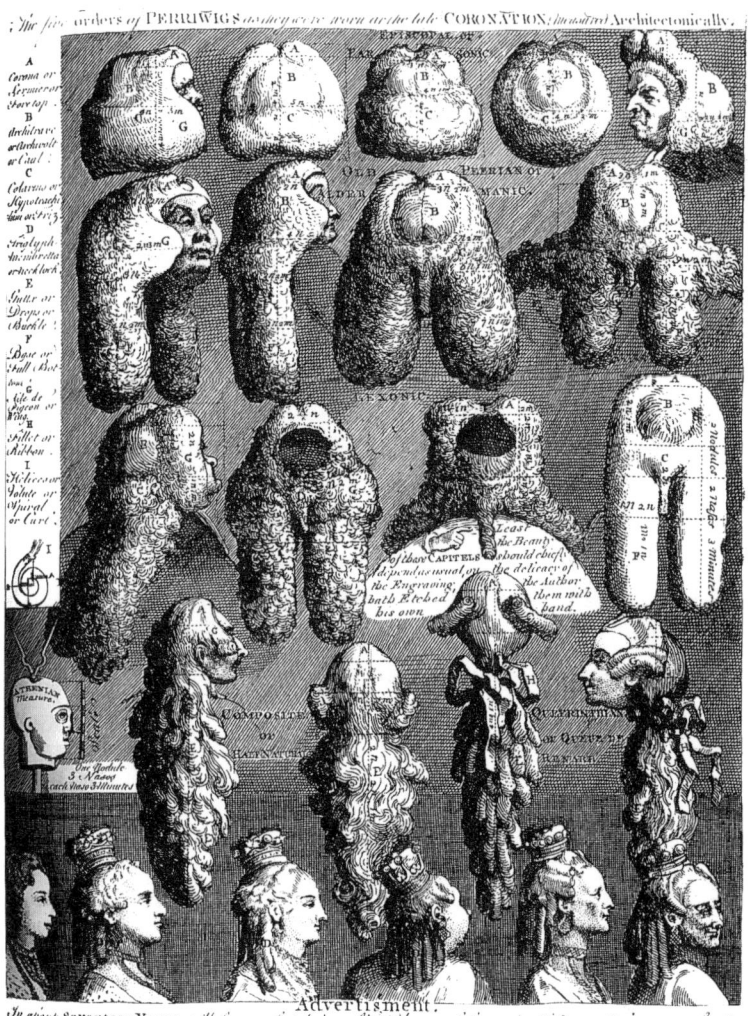

Perückenkunst als Standesausweis (Stich von Hogarth, 1761)

das restaurative Regime. Ludwig XIV. prägte allerdings nicht nur die Mode in St. James entscheidend, sämtliche absolutistischen Höfe Europas waren bereit, seiner Art der Selbstinszenierung und seiner Haarmode zu folgen. Widerstand dagegen kam sowohl in England als auch in der Neuen Welt von den Puritanern. Sie vermochten aber nie einen tatsächlichen Einfluß auf die Inszenierung der Politiker zu nehmen. Bis 1817 ließen sich alle amerikanischen Präsidenten auf ihren offiziellen Porträts mit einer Perücke abbilden, wenngleich die ausladende und pompöse Haartracht des 17. Jahrhunderts längst einer wesentlich bescheideneren weißen Lockenpracht gewichen war. Ludwig XV. und sein Hof bewirkten eine neuerliche modische Wendung, nachdem auch diesem König durch die Windpocken die Haare ausgegangen waren. Ludwig bevorzugte die kurze, weiß gepuderte Perücke, die noch heute jeden einschlägigen Kostümfilm prägt. Einzig die dandyhaften »Maccaronis« am englischen und französischen Hof trugen extravagante, gepuderte Perücken, die hoch wie Türme über ihren Häuptern aufragten und auf ihren Spitzen zusätzlich winzige Hütchen balancierten.

1. Die Nachtmütze (Karikatur, 18. Jahrhundert)
2. Unheilvolle Wirkung der Eitelkeit (Karikatur von James Watson, 18. Jahrhundert)

Diese übersteigerte Haarpracht der »Maccaronis« wurde im Spätbarock um vieles von den Damenfrisuren übertroffen, die so pompöse Dimensionen annahmen, daß den Trägerinnen aus rein physiologischen Gründen weder ein bequemes Liegen noch spontane Bewegungen möglich waren. Ihre Köpfe waren dekoriert mit Federn, Blumen, Obst, Bändern, Spitzen und geblasenem Glas, manchmal gar mit allem zusammen. Die Frisuren erreichten Höhen,

Titelblatt einer deutschen satirischen Streitschrift wie der Fontange (um 1680)

die ein Durchschreiten normaler Türen nicht mehr erlaubten. Die hohen Türen des Barocks waren, wenn man so will, eine Notwendigkeit der Mode. Unter dem Diktat der absolutistischen Mode mußten Frauen im Sitzen schlafen. Sie vermochten kaum noch ihren Kopf zu bewegen, ohne das Gleichgewicht zu verlieren oder ihre kunstvollen Frisuren zu beeinträchtigen. Gemeinsam mit den immer ausladenderen Röcken wurden sie zu Puppenfiguren, denen nur noch ein langsames Schreiten möglich war.

Diese Mode der Einengung des Körpers sollte für die höfische Welt in Europa bis zur französischen Revolution (1789), die die alten Zöpfe radikal abschnitt, stilprägend bleiben. Fortan trugen Männer und Frauen wieder vorrangig ihr natürliches Haar. Nur die konservativsten Regierungen und ihre Anhänger hielten standhaft an der Perücke fest: Casanova mochte sich von seiner Perücke auch im böhmischen Exil um keinen Preis trennen, wo er hochbetagt als Relikt einer vergangenen Zeit verstarb. Ähnliche anachronistische Figuren dominierten den Hof der Habsburger zu Wien. Erst 1814 mit dem Tod Maria Karolinas, der letzten Tochter Maria Theresias, die sich vor Napoleon nach Wien geflüchtet hatte, schwand die Perücke als schmückendes Accessoire aus der Habsburger-Monarchie.

Als die Herrscher schon lange ihr natürliches, allerdings stets kurz geschnittenes Haar trugen, wurden die Lakaien auch weiterhin zum Tragen dieses künstlichen Haarersatzes gezwungen. Sie wurden eben nicht als Menschen angesehen und waren nur dekorierte Wesen. An den neoabsolutistischen Höfen Kontinentaleuropas repräsentierten die Perücken die Unterordnung und bewusste Entin-

Der Gerichtshof
(Stich von Hogarth,
1758)

dividualisierung der Domestiken. In England hingegen entpersonifiziert die Perücke bis heute primär Personen der höchsten gesellschaftlichen Gruppen: den Adel im Oberhaus, die Richter und Staatsanwälte sowie den Speaker im Unterhaus. Ihr Kopf gehört nicht ihnen, sondern dem Staat.

Die Perückenmacher des 18. Jahrhunderts bildeten ein prosperierendes Gewerbe, das sich rasch in Hersteller für Männerperücken und solche für Damenperücken spezialisierte. Zum ersten Mal bildete sich damit ein Berufszweig heraus, der sich ausschließlich dem weiblichen Körper widmete und Frauen zuweilen sogar die Gelegenheit zur gut bezahlten Arbeit bot. Die Mehrheit innerhalb dieser Profession stellten jedoch die Männer. Die bürgerlichen Revolutionen bedeuteten den Niedergang der Perückenmacher und damit verbunden den der einstmals großen europäischen Haarmessen. In Mitteleuropa besaßen Frankfurt und Leipzig eine zentrale Bedeutung als Umschlagplätze für das menschliche Gut der Haare. Die bäuerlichen Unterschichten, vor allem aber Frauen aus Skandinavien und den Alpenregionen sorgten ob ihrer Armut für steten Nachschub an natürlichem Grundstoff. Haare aus Süd- und Osteuropa galten hingegen als wenig qualitätsvoll und wurden zu weitaus geringeren Preisen gehandelt. Heute ist es übrigens das »indische Tempelhaar«, das die ständig steigende internationale Nachfrage nach Echthaar in Europa und in den USA befriedigt. Indische Frauen der unteren Kasten opfern vor ihrer Hochzeit ihr langes Haar in den Tempeln, die es gewinnbringend verkaufen. Nur ein kleiner Teil des dabei erzielten Gewinns fließt an die Opfernden zurück.

Ein neuer Frühling für das Friseurgewerbe kam gegen Ende des 19. Jahrhunderts. Langsam begannen die Bürgerinnen des Mittelstandes die Dienste dieses Gewerbes in Anspruch zu nehmen und ließen sich die Haare waschen und kunstvoll frisieren. Die wirklich reichen Damen vertrauten hingegen ihr Haar weiterhin nur den eigenen Zofen an. Durch diese häuslichen Dienstboten blieben sie in ihrem Zeitplan unabhängig von den Öffnungszeiten der Frisierstuben – zur Herstellung der immer noch pompösen Frisuren bedurfte es zudem viel Zeit. Die exzentrische Gattin des österreichischen Kaisers Franz Joseph, Kaiserin Elisabeth (1837–1898), benötigte jeden Tag wenigstens zwei Stunden zur Frisur und Pflege ihrer überlangen Haarpracht, die von ihrem sechzehnten Lebensjahr bis zum Tode nie geschnitten wurde. Ihre ständigen Kopfschmerzen rührten nicht zuletzt von der eitlen Last des Haares. Entspannung von dessen Gewicht fand sie einzig, wenn einzelne Strähnen zusammengefaßt mit Schnüren an der Decke verankert wurden.

Kaiserin Elisabeth
mit offenem Haar

Zur Pflege des Haares dienten zu diesem Zeitpunkt primär der Kamm oder Öle; die Reinigung mit Wasser vermieden die meisten Frauen, wie auch das Bad noch nicht in Mode gekommen war. Der Frisiertisch mit seinem großen Spiegel ist ein typisches Möbelstück des 19. Jahrhunderts. Heute stellt er genau wie der einstmals unverzichtbare Schminktisch einen anachronistischen Luxus dar, da den berufstätigen Frauen die Zeit für die stundenlange Pflege eines einzelnen Körperteils fehlt. An seine Stelle trat der grell beleuchtete, platzsparende Spiegelschrank im Badezimmer.

Die geschlossene und rauhe Männergesellschaft der Barbierstube im Unterschied zur heterogenen Welt der modernen Friseure erlebte am Ausgang des 19. Jahrhunderts ihre Abenddämmerung. Allmählich ließen sich immer mehr junge Frauen in diesem Handwerk ausbilden, das ursprünglich – wie die meisten anderen Berufe – nur Männern offengestanden hatte. Es geschah hier eine bemerkenswerte Verweiblichung des Berufsbildes, nicht unähnlich dem Schneiderhandwerk, das bis zur Industrialisierung ein rein männlich geprägtes Handwerk gewesen war. Mancher Barbier hatte zuvor seine Ehefrau als unbezahlte Hilfskraft für die wenigen weiblichen Kunden im Geschäft beschäftigt, doch die Ansprüche der Kundinnen nach modischen Frisuren und individueller Betreuung stiegen. Es trat ein Wandel in der Geschäftsstruktur ein. Seit der Erfindung von Rasierklingen benötigten immer weniger Männer die Hilfe des Barbiers bei der täglichen oder wöchentlichen Rasur. Der Elektrorasierer reduzierte im fortschrittsgläubigen Europa noch einmal die Anzahl der Barbiere und führte zum Bankrott der meisten Friseure, die sich nur auf die männliche Kundschaft spezialisiert hatten. Statt dessen übernahmen die Damenfriseure die Bedienung der Männer; lediglich in den USA halten sich bis heute hartnäckig »Barber Shops«, die keine Frauen bedienen.

Die Geburtsstunde der Dauerwelle

Die Dauerwelle und die hochtoupierte Frisur waren bis vor dreißig Jahren der Inbegriff von Weiblichkeit und Seriosität. Prinzessin Margaret von England und Jacqueline Kennedy wirkten mit ihren Frisuren stilprägend für eine ganze Epoche, selbst für Frauen, die eigentlich weder die Zeit noch das Geld hatten, sich täglich derart zu pflegen.

Die Geburtsstunde der Dauerwelle läßt sich zwar bereits auf das Jahr 1908 datieren, als Karl Nestler ein besonderes Präparat zur Herstellung von Locken erfand. Das Produkt war jedoch zunächst zu aggressiv, und so sollte es noch bis in die zwanziger Jahre hinein dauern, ehe sich mehr Kundinnen dieser neuen chemischen Tortur unterzogen. Das zuvor und seit der Antike praktizierte Ondulieren mit Brennscheren beschädigte zwar ebenfalls die Haarstruktur, führte aber zumindest zu keinem Haarausfall, der Kinderkrankheit der Dauerwelle.

Die zweite Revolution des Friseurgewerbes nahm ihren Ausgang in Frankreich. Eugen Schueller gründete 1900 eine Produktionsfirma »zur Herstellung von unschädlichen Haarfarben« und gab dem Friseurgewerbe den entscheidenden Anschub. Zunächst ein kommerzieller Mißerfolg, änderte er die Farbpalette und die chemische Konsistenz; unter dem Namen L'Oréal existiert der inzwischen international tätig gewordene Konzern auch heute noch. Schuellers Erfolg bestand vor allem in der besseren Verträglichkeit der eingesetzten Mittel, sowohl für die Kopfhaut der Kundinnen als auch für die Friseurinnen. Eine »bessere Verträglichkeit« schließt jedoch bis heute die zahlreichen unerwünschten Folgen für die Gesundheit der Friseurinnen nicht aus: So muß noch immer jede fünfte Friseurin in Österreich ihren Beruf wegen Haut- oder Atemwegserkrankungen aufgeben. In Deutschland werden die Folgekosten für den Gesundheitsschaden in den Friseurgeschäften von den Krankenkassen auf 5 Millionen Euro jährlich beziffert.

Die Biofrisur

Das neue Gesundheitsbewußtsein der Kundinnen und zahlreiche Schadenersatzklagen haben seit einigen Jahren Formen der »biologischen« Haarberatung und naturnahe Haarpflegelinien ins Leben gerufen. Zudem hat sich die Esoterik des Friseurgewerbes angenommen. Die aus der Esoterikbewegung stammende Vorstellung vom Einfluß der Mondphasen auf das Wohlbefinden und die Gesundheit des Menschen hat einen neuen Trend ausgelöst – die mondphasenorientierte Haarpflege, nach der das Haar nur bei Vollmond geschnitten werden sollte. Die Anhänger dieses Trends stützen sich in einem seltsamen Analogieschluß auf einen alten Erfahrungsgrundsatz der Forstwirte, wonach Bäume nur bei Vollmond gefällt werden dürfen. Freilich stößt die Idee des Vollmondfrisierens an die Grenzen des Gewerberechtes, das Nachtarbeit verbietet und als Schwarzarbeit klassifiziert. Schwarzarbeit heißt im Englischen »moonlighting« – mondscheinend.

Der Trend zum schönen Haar findet seine Ergänzung in den Bestrebungen, »gesundes Haar« zu haben. Die alten Pflegemittel Bier und Eier haben längst ausgedient und sind einer umfangreichen Palette von Vitamin-Haarshampoos und -Tinkturen gewichen. In der modernen Welt, in der alle gesund auszusehen haben, hat sich der Frisiersalon in ein »dermatologisches« Beratungszentrum verwandelt mit allerlei Untersuchungsmethoden, die stets zur Diagnose eines Bedarfs an den im Geschäft angebotenen Pflegemitteln führen. Es versteht sich von selbst, daß diese Mittel politisch korrekt ohne Tierversuche erzeugt worden sind. Produkte, die tatsächlich aus Tierversuchsreihen stammen, finden heute fast nur noch in den Tiersalons ihre Verwendung. Hunde und Katzen leiden heute nur noch für die Schönheit ihrer Artgenossen, nicht aber mehr für die Attraktivität der Menschen. Es sei in einem Nebensatz angemerkt, daß der Umsatz von Tiersalons in Manhattan bereits an den Umsatz der Frisiersalons heranreicht. Es fehlen nur noch die großen Namen der Coiffeure, um die Gleichstellung von Mensch und Tier, was die Haare betrifft, zu erreichen. Große Namen, das sind in Amerika Vidal Sasson und Mary Quandt oder in Deutschland Udo Walz und Gerhard Mair. Der eine diktiert die Szene in Berlin, der andere dominiert die Münchener Schickeria. Udo Walz verewigte inzwischen seine Berufseinsichten und -erfahrungen sogar in Buchform. *Waschen, Schneiden, Leben* und *Haargenau. Ein Leben für die Schönheit* heißen die Bücher, die längst Bestseller sind.

Freilich kann auch der beste Friseur nicht vor dem bekannten Drama schützen. Unter der Überschrift »Barber's Law« beschrieb die Tageszeitung *Die Welt* dieses Drama wie folgt:

»Die Suche nach dem perfekten Haarstylisten, sie ist nicht einfach, und hat man ihn gefunden, wird die Lieblingsfriseurin schwanger, oder ein anderes Unglück beendet die haarige Freundschaft. Ein zaghafter Blick in den Spiegel, Entsetzen, man traut sich nichts zu sagen, höchstens ein schüchternes ›ganz schön kurz‹. Der Friseur spricht dann pikiert von einem Mißverständnis und fegt energisch die Haare vom Schulterumhang. Am schlimmsten sind solche Situationen bei Promi-Friseuren. Wer traut sich schon, einen Udo Walz zu kritisieren? Einmal war man da. Geburtstagsgeschenk von Patentante Biggy. Und so wie die sah man beim Verlassen des Salons aus. Die schicke Föhnfrisur hatte einen zehn Jahre älter gemacht. ›Barber's Law‹. Gesagt hat man trotzdem nichts. Selbst schuld, sozusagen. Konnte Udo Walz ja nicht wissen, daß man sich was ganz anderes vorgestellt hatte.«

Es ist durchaus kein Zufall, daß Witze über Friseurbesuche zum Standardrepertoire der US-Late-Night-Shows gehören, wie beispielsweise der: »Es gibt drei Fragen, auf die man nie ehrlich antworten kann: Wie alt sehe ich aus? Gefällt dir meine Frisur? und: War es für dich auch schön?«

Wie sich die ersten Kundinnen von Vidal Sasson und Mary Quandt gefühlt haben, bleibt ein Geheimnis. Auf jeden Fall durchbrachen sie als erste das Modediktat der komplizierten Frisur, indem sie das offene, lange Haar, aber auch den Kurzhaarschnitt modern machten.

Zur weiteren Vereinfachung der Haarpflege trug die Erfindung des Haarföhns bei. Technisch gesehen handelt es sich beim Föhn um die Kombination von Elementen des Staubsaugers und des Mixers. Die ersten Föhns in den exklusiven Frisiersalons waren daher auch noch an das Gebläse der Staubsauger angeschlossen. Freilich waren diese Geräte viel zu unhandlich, um in den Haushalten Verwendung zu finden. Erst mit der Entwicklung von Kleinstmotoren, die für Küchenmixer entworfen worden waren, kam es zur seriellen Produktion der bekannten kleinen Föhngeräte.

Mit den Erfindungen von Trockenhaube und Föhn wurde es Frauen leichter gemacht, sich die gewünschte Frisur zu Hause selbst zu kreieren.

Mit dem Einzug der Trockenhaube in die Wohnungen des Mittelstandes entstand eine neue misogyne Karikatur: die Frau mit Lockenwicklern, die ihren Mann unterdrückt oder zumindest sein sexuelles Interesse an ihr abschwächt. Den Mann niemals mit Lockenwicklern zu empfangen oder damit im Bett zu verstören, dies war für viele Jahre der »weise« Ratschlag in den diversen Frauenzeitschriften.

Big Hair

Jacqueline O., Margaret Thatcher, Barbara Bush, die Queen und Königin Beatrix oder die ehemalige texanische Gouverneurin Anne Richards gehörten oder gehören bis in die jüngste Zeit zu den letzten Vertreterinnen einer wenig schmeichelhaft als »big hair« bezeichneten Modewelle. Die charmantere Bezeichnung für diese Frisur ist »majestätisches Haar«; womit zugleich angedeutet ist, daß sie einen ganz bestimmten Zweck erfüllen soll. Eine solche Frisur ist weder sinnlich noch einladend, sie hat nichts »Wildes und Freies«. Sie signalisiert beispielsweise unmißverständlich, daß Margaret Thatcher, die »Eiserne Lady«, resolut und unnachgiebig ist. Ursprünglich hatte die englische Premierministerin übrigens sogar eine viel steifere Frisur, die einem Haarhelm glich. Erst später ging sie zu einem etwas gemäßigteren Stil über. Mrs. Thatchers Frisur war, wenn man so will, ein perfektes Symbol für den Zustand der Nation.

Eine neue Ästhetik repräsentier(t)en Prinzessin Diana, Hillary Clinton und – in einem geringeren Maß – Cherie Blair. Der einfach wirkende Haarschnitt dieser drei Damen sollte nicht darüber hinwegtäuschen, daß dessen Pflege dennoch viel Zeit beansprucht(e).

Besonders Lady Di stellte ein stilprägendes Idol dar, das weit über die Grenzen Englands hinaus wirkte und auf das sich das Friseurgewerbe lange Zeit erheblich stützen konnte. Wie dringend gerade die Friseure modeprägender Vorbilder bedürfen, zeigt sich daran, daß der Tod der Prinzessin zu einem zwanzigprozentigen Umsatzrückgang bei den britischen Friseuren führte. Kurzfristig bestand die Hoffnung, mit Prinzessin Mathilde, der Ehefrau des belgischen Kronprinzen, eine ähnliche Ikone schaffen zu können, doch die Wirkung auf die Branche hielt nicht lange an. Heute scheinen die Freiheit und die Vielfalt der Stile den Markt der jungen Kundinnen zu bestimmen, während Männer, pubertierende Jünglinge und solche, die nie erwachsen werden wollen, sich nunmehr viel stärker an den Superstars des Sports orientieren. Auf der Suche nach Identifikationsfiguren imitieren sie Beckham, Rodman, Villeneuve, lassen sich ihre Haare kurz scheren oder tragen einen Pferdeschwanz, ganz wie die Meister auf dem Fußballfeld oder der Rennstrecke. Jedes internationale Sportereignis kreiert neue Stilrichtungen, wie bei der letzten Fußball-WM sichtbar wurde. Beckhams Irokesen-Look prägte die Weltmeisterschaft nachhaltiger als die sportlichen Leistungen der englischen Nationalmannschaft und ließ Japans Jugendliche in Massen zu den Haar-Stylisten laufen. Ihr Weg zum Friseur war im übrigen deutlich kürzer als jener, den Beckhams Friseur zum »entscheidenden« Spiel antreten mußte. Er wurde extra von England nach Japan eingeflogen, damit der Superstar nicht so zerrupft aussah wie zuvor beim Spiel gegen Dänemark. Heftiger Regen hatte bei dieser Begegnung seinen inzwischen tausendfach kopierten »Mohikanerkamm« in sich zusammenfallen lassen. Der Friseur kommentierte den Auftrag lakonisch: »Das wird ohne Zweifel mein weitester Hausbesuch sein«.

Trendsetzende Idole für die Jugendkultur sind indes keine Erscheinung des ausgehenden 20. Jahrhunderts. Das NS-Regime verfolgte mit Argwohn und zunehmender Repression männliche Jugendliche, die unter der Bezeichnung »Schlurf« geführt wurden. Damit waren sozial unangepaßte Burschen gemeint, die im Unterschied zu den kurzen Haarschnitten der Hitlerjugend lange Haare trugen – möglichst mit Hilfe von Brillantine glänzend gemacht – und sich an der amerikanischen Kultur orientierten. Die Mode der Schlurfs ging nach der Befreiung in die Mode der Nachahmung von Marlon Brando über. Dessen Haarstyling löste die Schmalzlocke von Elvis Presley ab, ehe die Beatles in den sechziger Jahren ihre global umspannende Musik- und Modehegemonie in der Jugendkultur auszuüben begannen. Obgleich ihr Name im deutschsprachigen Raum gemeinhin für Langhaarigkeit stand, war ihre Pilzfrisur kurz gemessen an dem, was die Popwelt in den darauffolgenden Jahren zum Schrecken des konservativen Establishments hervorbrachte.

Inzwischen ist das Friseurgewerbe in seiner Beschäftigungsstruktur fast vollkommen verweiblicht und in eine Lebenswirklichkeit gestellt, in der das Handwerk des Frisierens zu einer quasi-natürlich weiblichen Profession geworden ist, ähnlich dem Kochen oder dem Pflegen von Kranken.

Weil inzwischen mehr als neunzig Prozent aller im Friseurgewerbe tätigen Personen Frauen sind, stehen die wenigen Männer in diesem Gewerbe unter dem Generalverdacht der Homosexualität. Heutzutage werden Friseure in der öffentlichen Meinung mit dem Stereotyp des schwulen, effeminierten Mannes gleichgesetzt. (Unter Ausnutzung des Stereotyps und des zunehmenden gesellschaftlichen Voyeurismus für die Welt der Anderen erschien 1996 in Deutschland der Erfolgsroman *Alle meine Männer. Ein schwuler Friseur am Prenzlauer Berg berichtet.*) Dabei greift die Gesellschaft auf ein sehr altes Klischee zurück. Bereits im 18. Jahrhundert munkelte man über Londons Perückenmacher, daß sie Sodomiten seien. Erhalten gebliebene Prozeßakten aus dieser Zeit bezeugen, daß an diesen Gerüchten offenbar nichts dran war. Die unterstellte Homosexualität der Friseure erfüllt aber einen entscheidenden Zweck: Sie entlastet die Ehemänner, die ihre Gattinnen dadurch beruhigt anderen Männern, den Friseuren, anvertrauen können. Der schwule, der tuntige Friseur ist ein Stereotyp US-amerikanischer Sit-Coms und Hollywood-Produktionen. Warren Beatty in *Shampoo* mag wohl eine der letzten Gestalten in einem Film gewesen sein, die einer promiskuösen Heterosexualität mit ihren Kundinnen frönen durfte.

4. KAPITEL: ROTE HAARE

Die roten Sechziger

Die Urmutter der weiblichen Mode, sich die Haare rot zu färben, wie sie in den Sechzigern aufkam, ist unbekannt. Sie wird wahrscheinlich immer anonym bleiben in der »Koalition der vielen«, die sich zur Frauenbewegung vereinten und eine kollektive »Ästhetik des Widerstands« gegen den erdrückenden Zeitgeist von bürgerlicher Weiblichkeit und männlicher Dominanz begründeten. Die mit der Färbung einhergehende Kürze der neuen rebellischen Frisur signalisierte damals die Auflehnung gegen das bürgerliche Ideal der langhaarigen, gelockten, toupierten, vor allem aber blondgefärbten Frau. Zugleich nahmen die Feministinnen mit der Kurzhaarfrisur eine Tradition der zwanziger Jahre auf – den roten Bubikopf, der im Vergleich zur neuen Mode allerdings sehr feminin wirkte. Die Ästhetik der weiblichen Subkultur der Sechziger verstand sich als Antithese zu einer Körperideologie, die Frauen ausschließlich mit Kosmetikprodukten und Künstlichkeit in Zusammenhang brachte. Die Frauen protestierten gegen den von Männern gewünschten und auch durchgesetzten »Kunstkörper« Frau. Sie richteten sich nicht nur gegen die »Ausbeutung des vergesellschafteten Wesens« der Frauen, sondern vor allem gegen den Umgang mit der weiblichen Natur. Der weibliche Körper sollte nicht länger mit chemischen Keulen wie Wasserstoffperoxyd oder anderen Präparaten vergiftet werden; die Feministinnen wollten sich unabhängig von der gestalterischen Willkür der Friseure selbstbestimmt stilisieren. Die rote

Haarfarbe, die sich Frauen künstlich aneigneten, war in dieser Zeit der Opposition eines der wenigen Zugeständnisse an die Kosmetikwelt. Wie zahlreiche englische Suffragetten um Emmeline Pankhurst an der Wende zum 20. Jahrhundert verwendeten die Frauen der sechziger Jahre zumeist das Naturprodukt Henna und nicht die industriell gefertigten Waren der großen Firmen.

Inzwischen haben die großen Hersteller längst auch eigene Produktlinien »Henna« auf den Markt gebracht. Daß das (Färbe-)Mittel zur Äußerung des weiblichen Protestes gegen den patriarchalen Kapitalismus zuletzt selbst aus der kapitalistischen Produktion stammt, beweist wieder einmal, daß es letztendlich immer nur eine Frage der Zeit ist, bis der Kapitalismus seine Gegner vereinnahmt. Die ersten Hennapackungen mußten übrigens vom deutschen Markt genommen werden, da sie als Emblem eine barbusige Frau zeigten. Dieser »sexistische« Kaufanreiz widersprach zu jener Zeit noch den herkömmlichen Moralvorstellungen. Der massive Protest gegen diese Art der Werbung kam damals nicht von den Frauenrechtlerinnen, sondern von der katholischen Kirche und von der Deutschen Hausfrauenunion.

Im historischen Rückblick gesehen ist es schon recht kurios, daß die Frauenbewegung, die Ende des 19. Jahrhunderts als eine Freiheitsbewegung gegen die Uniformierung des Lebens angetreten war, sich innerhalb weniger Jahrzehnte selbst eine Art »Uniform« schuf, um zu provozieren. So kleideten sich die Frauenrechtlerinnen in den sechziger Jahren im deutschsprachigen Raum in lila Latzhosen und trugen stolz ihren roten Kurzhaarschnitt. Sie konnten sich damit einer doppelt begründeten Ablehnung sicher sein: Frauen hatten damals auszusehen wie Doris Day oder ihr deutsches Pendant Elke Sommer – blondgefärbt, in engem Rock oder jedenfalls nicht in Hose. Ultraklerikale Kreise mokierten sich zudem vor allem über die Verwendung der Farbe Lila, die sie für säkulare Zwecke mißbraucht sahen. Traditionell gilt Lila als die Farbe der Bischöfe, der österlichen Passion und der Keuschheit. Gerade Keuschheit lehnten aber die Frauen als Instrument der geschlechtlichen wie gesellschaftlichen Unterdrückung kategorisch ab. Meinten die Kritiker der Feministinnen in der Verwendung der Farbe Lila eine beinahe häretische, jedenfalls aber pietätlose Grenzüberschreitung feststellen zu können, so wurde die rote Tönung der

Haare vom Bürgertum ganz allgemein als Signal für eine politische Grundhaltung und für Widerstand angesehen, der nicht einmal mehr explizit artikuliert werden mußte. »Man« verstand das Signal, wiewohl Mann von der subversiven Diskussion um die Haarfärbung oder -tönung selbst kaum betroffen war. Bis vor wenigen Jahren waren Männer – abgesehen von der kleinen Gruppe der Punks – für Hersteller der Haarfarbe Rot kein Zielpublikum. Rote Haarfarben wurden, zumindest der Werbung nach, lange Zeit ausschließlich für Frauen produziert. Im Jahr 2001 wurden auf den Plakaten von L'Oréal erstmals auch Männer mit kleinen Bildausschnitten als Käufer roter Haartönungen angesprochen. Rothaarige Männer, die eher als schüchtern gelten, scheinen im heutigen Verständnis der Geschlechter an Attraktivität zu gewinnen. Erfolgreiche Rothaarige wie Boris Becker haben Rot als Haarfarbe auch für den Mann gesellschaftsfähig gemacht. Früher waren Clowns wie Ronald McDonald rothaarig und damit kaum ein Vorbild für Männer.

Rote Haare sind jedoch nicht nur ein Signal für Emanzipation und die damit assoziierte Provokation der Gesellschaft. Sie rufen keineswegs in allen Kulturen von Haus aus negative Assoziationen hervor. So sagt man Frauen mit langen roten Haaren auch in unserem Kulturkreis nach, sie seien temperamentvoll und sexuell sehr aktiv. Im Osmanischen Reich galten sie mehr noch denn blonde als besonders begehrenswert und wurden auf den Sklavenmärkten für die Harems und Serails zu hohen Preisen gehandelt. Die rothaarigen Mädchen, die das Schicksal des Menschenraubes erlitten, stammten zumeist aus den kaukasischen Siedlungsgebieten; sie waren Georgierinnen, Armenierinnen und Perserinnen. Auch in der jüdischen Bevölkerung des östlichen Mittelmeerraumes gab es auffallend viele Rothaarige. Russische Antisemiten beschrieben Juden in ihrer Propaganda immer als rothaarige Menschen. Die rote Haarfarbe war daher selbst in der Sowjetunion weitgehend stigmatisiert, und dies sogar unter den turkmenischen Völkern des Riesenreiches, die in der präsowjetischen Epoche von Antisemitismus unberührt geblieben waren. Diesem heute wenig geläufigen Typus des rothaarigen russischen Juden setzte auch der aus dem jüdisch-galizischen Milieu stammende Joseph Roth in seinem Roman *Tarabas* ein literarisches Denkmal.

Trotz der antisemitischen Vorurteile tauchen in den russischen Romanen, Theaterstücken und Erzählungen auffallend viele Rothaarige auf – mehr als in jeder anderen Nationalliteratur – und dies, obwohl »rus«, von dem sich »*Russe*« ableitet, in seiner Grundbedeutung eigentlich »*blond*« meint. Fast alle Figuren Tschechows oder Dostojewskis haben feuerrotes Haar; selbst die Kühe, die letzterer beschrieb, weisen fast immer ein rotes Fell auf.

Wie sehr selbst die den Pogromen entflohenen Juden aus Rußland und Osteuropa (zum Beispiel Galizien) die Ansichten des spezifischen Antisemitismus ihrer Heimat verinnerlichten, beweist eine Aufforderung des Hollywood-Moguls Sam Goldwyn gegenüber dem US-Komiker Danny Kaye: Er schrieb dem rothaarigen Daniel Kominsky (Danny Kaye) – Sohn russischer Juden – ultimativ vor, seine Haare erst einmal blond zu färben, ehe er ihm eine Filmrolle anbot. Der berühmteste Studioboß Amerikas, der mit seinen Eltern aus dem jüdischen Ghetto in Polen emigriert war, hatte die Verbindung von Rothaarigkeit und Judentum so sehr verinnerlicht, daß ihm die Bedeutung von Rothaarigkeit im kulturellen Kontext der USA nicht bewußt wurde. Dort waren die Iren und Schotten rothaarig, während Juden landläufig als dunkelhaarig galten. Erst am Ende seiner Laufbahn mußte sich der inzwischen zu Weltruhm gelangte Komiker Danny Kaye nicht mehr dem Procedere des Färbens unterwerfen.

Die Verwendung von Henna als Haarfärbemittel läßt sich bis in die Zeit des pharaonischen Ägypten zurückverfolgen: Rote Perücken zählten (neben den dunkelblauen) zu den Statussymbolen der alles beherrschenden ägyptischen Priesterklasse. Vor allem aber trug der Pharao anstelle seiner rotweißen Doppelkrone zuweilen eine rot gefärbte Perücke, um seine Macht über den Herrschaftsbereich Oberägypten zu verdeutlichen. Im Dieseits war es nach Vorstellung der Ägypter immerhin eine kleine Elitegruppe, die sich rot schmücken durfte, im Jenseits, dem Reich der Götter, war es dagegen nur ein einziger Gott, der Zauberer Set, Gott des Todes und Bruder des allmächtigen Osiris, den die Ikonographie als Rothaarigen darstellt. Die sakrale Verbindung zwischen dem Tod und der Farbe Rot dürften mit hoher Wahrscheinlichkeit die Roma von den Ägyptern übernommen haben, als sie von Ägypten nach Europa weiterwanderten. Nur in diesem Kulturkreis der »Zigeuner« gilt Rot bis heute als ein Zeichen der Trauer.

Kleopatra

Eine natürliche Rothaarigkeit ist quellenmäßig nur für Pharao Ramses II. (1290–1244 v. Chr.) abgesichert; sein zweites charakteristisches Merkmal, die blauen Augen, lassen es wahrscheinlich erscheinen, daß seine Mutter nicht aus Ägypten stammte, sondern aus dem Kaukasusgebiet. Die weit verbreitete Legende, wonach die letzte ptolemäische Königin des Nillandes, Kleopatra, rotes Haar hatte, ist jedoch eine jener Erfindungen, die nachfolgende Generationen aus ihrem eigenen Bewußtsein und ihren eigenen Vorurteilen heraus auf die Vergangenheit projiziert haben. Immerhin stand die Verführerin von Cäsar und Antonius im Ruf, machtgierig, unbeherrscht und lasziv zu sein – Eigenschaften, die schon immer mit

Rothaarigkeit in Verbindung gebracht wurden. Dokumentarische Belege für ihre Rothaarigkeit aus ihrer Regierungszeit gibt es nicht, dafür genügend Bildquellen aus den nachfolgenden Jahrhunderten. Manche Maler späterer Epochen malten jedoch auch eine blonde Kleopatra.

Maria Stuart und Eleonore von Aquitanien

Das Bild der Rothaarigen als einer unersättlichen Verführerin läßt sich durch die Jahrhunderte hindurch kontinuierlich nachweisen. Zu den bekanntesten gehört ohne Frage Maria Stuart, die vorrangig von ihren Gegnern als Rothaarige gezeichnet wurde, obgleich sich bei ihrer Hinrichtung die prächtigen Locken, welcher Farbe sie auch immer gewesen sein mögen, in schauerlicher Weise als Perücke herausstellen sollten. Die echte Haarfarbe verschweigen die Quellen. Natürlich darf in dieser Aufzählung die rothaaarige Sarah Ferguson, genannt Fergie, nicht fehlen. Sie ist das jüngste Beispiel für die

Maria Stuart auf dem Weg zur Hinrichtung am 8. 2. 1587, in Schloß Fotheringway (Lithographie nach einem Gemälde von Volkart, um 1840)

Kombination von Rothaarigkeit und – nachgesagten – schlechten Eigenschaften im englischen Königshaus.

Der üble Leumund nimmt seinen Anfang mit William Rufus (1057–1100), dem Sohn des ersten Normannenkönigs William des Eroberers, der anders als sein Vater aufgrund seiner Gewalttaten gegen die Untertanen in die Annalen einging und nicht durch geschickte Verwaltungspolitik. Die Rothaarigkeit der Eleonore von Aquitanien (1122–1205), der reichsten Erbin im mittelalterlichen Frankreich und Gattin Heinrichs II. (1133–1189), wurde ihr von den Engländern als schlechter Leumund ausgelegt. Immerhin war sie schon einmal verheiratet gewesen, bevor sie mit ihrem riesigen Erbe nach England kam und König Heinrich II. fünf Söhne schenkte; zwei davon fanden bei den Untertanen wenig Gefallen – Richard I. Löwenherz (1157–1199) und Johann I. Ohneland (1167–1216). Beide rothaarig, Richard I. sogar mit einer roten Löwenmähne ausgestattet (damals hieß es freilich: verunstaltet), verpraßten sie das Steuergeld in ihren Brüderkriegen und zogen die Steuerschraube immer fester an. Böses Blut, das sich in den roten Haaren zeige, wähnten die Chronisten in den Adern beider Männer. Eleonores umstrittener Ruf gründete nicht nur in den ihr nachgesagten zahlreichen Liebschaften und Affären, sondern auch in dem Umstand, daß die überaus schöne und kluge Frau in der Politik und Literatur des 12. Jahrhunderts eine herausragende Rolle spielte. Sie inspirierte die Minnesänger zu immer neuen Liedern und war mit großen Männern wie Bernhard von Clairveaux befreundet. Vor allem aber bot sie ihrem alternden despotischen Gatten die Stirn, wofür sie mit jahrelanger Gefangenschaft büßen mußte. Eleonore stellte, wenn man so will, mit ihrem Handeln die Ordnung der Geschlechter auf den Kopf – auf ihren roten Kopf ...

Zurück zu Ägypten. Die Gleichsetzung von Rothaarigkeit mit dem Besitz von Macht, wie dies durch die (künstliche) Haarmode der Priesterkaste unterstrichen wurde, gereichte insbesondere den natürlich Rothaarigen der Unterschichten zum lebensbedrohlichen Nachteil. An ihnen entlud sich der Volkszorn, wenn es galt, einen Sündenbock für die Verfehlungen der Mächtigen, für Naturkatastrophen oder Schicksalsschläge zu finden. Zeitgenössische Quellen berichten sogar von Pogromen gegen die rothaarige Minderheit, während Mißhandlungen wie das Bewerfen mit Kot offenbar zu den alltäglich zu erduldenden Qualen gehörten. Archäologische Funde und historische Berichte (beispielsweise aus dem Tempel von Heliopolis Manetha) deuten auch darauf hin, daß rothaarige Männer dem Gott Osiris geopfert wurden, indem man sie bei lebendigem Leib vergrub, oder daß sie als dessen Inkarnation verbrannt wurden. Da Ägypten allerdings nicht zu den klassischen Kulturen des rituellen Menschenopfers gehörte, opferte man häufiger ersatzweise rote Bullen. Am Schicksal der Rothaarigen als Außenseiter sollte sich aber, wenngleich mit weniger drastischen Auswirkungen und unter Angabe von je unterschiedlichen Begründungen, bis in die Moderne wenig ändern.

Sowohl im antiken Griechenland als auch in Rom galt die Haarfarbe Blond als besonders attraktiv und war für Frauen daher sehr erstrebenswert. Selbst ein leichter Schimmer des Haares hin zu Rotblond unterlag noch keinerlei negativer Bewertung. Im Lateinischen steht der Begriff »rutilus« für diesen goldrot-rotblonden Haarton. »Rufus« dagegen wurde für das fuchsfarbene Rot verwendet und galt nicht nur als unschön, sondern wurde mit Zauberpraktiken in Verbindung gebracht und als sehr negativ angesehen. An dieser Stigmatisierung mag auch die große Anzahl von Verlierern in der römischen Geschichte, die den Namen Rufus trugen, schuld sein. Zu den prominentesten zählen Publius Sulpicius Rufus (um 124 v.Chr. – 88 v.Chr), den der siegreiche Sulla am Ende des Bürgerkriegs im Jahr 88 v.Chr. hinrichten ließ, und der Prätor Marcus Caelius Rufus (ca. 82/87 v.Chr. – 48 v.Chr.), Schüler und Gefolgsmann von Cicero und Crassus, der, nachdem er vom Senat seines Amtes enthoben worden war, im Auftrag des Pompeius einige Aufständische angeführt haben soll – und vermutlich nicht ohne Zutun Cäsars umkam.

Zugleich galt das rote Haar als Kennzeichen der Germanen und als Zeichen ihrer Stärke. Dem römischen Gewaltherrscher Caligula zum Beispiel wird nachgesagt, daß er einst eine Anzahl von Galliern zwang, sich das Haar rot zu färben, damit er sich in einem theatralischen Umzug einem staunenden Publikum als Sieger über die mächtigen Germanen präsentieren konnte. Aber auch die Germanen selbst kultivierten die rote Haarfarbe als Ausdruck von Kampfgeist und Kraft. So färbten sich die germanischen Stämme der Bataver und Alemannen ihr Haar vor jeder Schlacht mit einer beizenden Salbe aus Ziegentalg und Buchenasche rötlich, um möglichst furchterregend auszusehen. Eine ähnliche Sitte gab es bei einzelnen keltischen Stämmen. Rothaarigkeit galt als Zeichen von besonderer Macht, erinnerte die Farbe doch an Blut und Feuer. In den Erzählungen der germanischen Volksstämme sind allerdings nicht nur die Helden und Krieger rothaarig; auch die Götter, Feen und Zauberer haben oft rote Haare: am prominentesten Thor, der Gott des Donners. Daß zur traditionellen Körperästhetik und Kriegsbemalung der Germanen die rotgefärbten Haare gehörten, geriet allerdings bald in Vergessenheit.

Im Mittelalter setzte sich die Abneigung gegen Rothaarige fort. Ein Grund hierfür waren die aus Skandinavien stammenden Wikinger, zu deren Körpercharakteristika Rothaarigkeit und Rotbärtigkeit gehörten. Sie waren wegen ihrer Plünderungszüge, die bis nach Mitteleuropa reichten, als »rote Horden« gefürchtet. Das ikonographische Auftauchen des Teufels mit einem roten Bart geht vermutlich auf die Raubzüge der Wikinger zurück. Erik »der Rote« (vermutlich 950–1004) ist für die Nachwelt der bekannteste Vertreter dieses seefahrenden und plündernden Volkes; ebenso gehört sein Sohn Leif Erikson (vermutlich 980–1020) in die lange Reihe der rothaarigen Wikinger. Er ging in die Geschichte als der erste Europäer ein, der den Boden Nordamerikas betrat.

Der noch unter dem Eindruck der Wikingerüberfälle zwischen 1030 und 1050 im bayerischen Kloster Tegernsee verfaßte, erste frei erfundene deutsche Roman *Ruodlieb* enthält den Satz: »Trau keinem Rotschopf, das sind schlechte und jähzornige Menschen«. Dieser Satz illustriert das Vorurteil, das das Schicksal vieler Rothaarigen in den kommenden Jahrhunderte beeinflußt hat. Besagter Ritter Ruodlieb diente der Erzählung nach treu seinem König. Bei seinem Abschied erhielt er von diesem ein Dutzend nützlicher Ratschläge, darunter den, keinem Rothaarigen zu trauen. Ruodlieb jedoch beherzigte den Rat nicht und nahm einen rothaarigen Jüngling als Begleiter. Dieser versuchte ihn sofort zu bestehlen; zudem zertrampelte er die Felder der Bauern und richtete mannigfaltiges Unheil an, ehe er zu Tode verurteilt wurde.

An dieser Stigmatisierung der Rothaarigen änderten auch historische Gestalten nichts, die wie Kaiser Friedrich I. Barbarossa große Verehrung in der Bevölkerung genossen.

Friedrich I. Barbarossa

Rote Hexen

Heute gilt rotes Haar als Zeichen der »modernen« Hexe. In den frühneuzeitlichen Darstellungen der Hexen und in den Urteilen der zahlreichen Hexenprozesse lassen sich hingegen keine Indizien für die Rothaarigkeit der Frauen, die als Hexen angeklagt wurden, finden. Selbst in den sehr detaillierten Abhandlungen über das »Wesen der Hexen« wie dem *Hexenhammer* fehlt dieses in der Populärkultur konstitutive Kennzeichen. Lediglich in Polen, wo allerdings keine Hexen verbrannt wurden, gab es schon im Mittelalter die Erzählung von der »Dziwozony«, einem großen rothaarigen Weib mit starker Körperbehaarung und einem kalten Herzen. Die wilde Frau – so heißt es – wohne im Wald und erfreue sich besonders an jungen Männern, die sie zu Liebesdiensten nötige. Erst im 19. Jahrhundert wurde die Gestalt der Hexe mit Rothaarigkeit in Verbindung gebracht, und zwar als Ableitung von der zeitgenössischen Femme fatale. Die magische Kraft der einen und die sexuelle Ausstrahlung der anderen vereinigten sich zu einem neuen Bild, dem der rothaarigen Hexe. Erst später wurde dann auch die alte bucklige Hexe in der Welt der Märchen und Puppen rothaarig dargestellt.

Den Mythos von der rothaarigen Hexe interpretierten die Nationalsozialisten für ihre ideologischen Zwecke um. Sie sahen in den rotblonden Frauen, die als Hexen in Verruf geraten waren, die »Avantgarde des Germanentums«, die die katholische Kirche angeblich hatte ausrotten wollen. Den Anteil der Protestanten und damit der genuin »deutschen« Kirche an diesen Verfahren verschwiegen sie in ihrer Geschichtsklitterung. Nach der Unterzeichnung des Reichskonkordates im Jahre 1933 wurden auf Befehl Hitlers vorübergehend die Bestrebungen zum Aufbau einer germanischen Religion heidnischer Natur eingestellt und wurde statt dessen versucht, das Christentum in einen neuen Kontext zu stellen, der keine Verbindung mehr zum Judentum aufwies. Zu diesem ikonographischen Neuentwurf des Christusbildes gehörte, daß Christus mit rotem Haar gezeichnet wurde. Der zum Germanen stilisierte rothaarige Christus war in ironischer Verkehrung gerade dadurch allerdings für die russischen Antisemiten noch deutlicher als Jude zu lesen.

Während für die Hexen die Scheiterhaufen brannten, malten die bedeutendsten Künstler dieser Epoche, wie Lukas Cranach, Albrecht Dürer, Alessandro Botticelli und Tizian die Madonnen ihrer Bilder mit rotblondem Haar. An den Renaissance-Höfen Europas galten rote Haare nämlich als modisch. Vorbildlich wirkte nicht zuletzt das englische Königshaus, denn sowohl Heinrich VIII. als auch seine Tochter Elisabeth I. waren echte Rothaarige. Das Tizianrot ging nicht nur in die Kunst-, sondern auch in die Sprachgeschichte ein. Erst die Präraffaeliten des 19. Jahrhunderts knüpften wieder an dieses Vorbild der Renaissance an. Zwischenzeitlich verschwanden die rothaarigen Frauen aus der europäischen Malerei und der gesellschaftlichen Gunst.

Die Welt des höfischen Barocks wählte Schwarz zu ihrer Lieblingsfarbe. Nur die Seiden- und Damasttapeten in den Prunkräumen der Schlösser blieben rot, besonders beliebt war das Kardinalspurpur. Auf dem Kopf hingegen sollte rotes Haar verschwinden, weswegen der häufige Gebrauch des Bleikamms angeraten wurde oder auch Mittel zum Schwarzfärben in den Handel kamen. Um rotem Haarwuchs vorzubeugen, empfahl man Eltern, die Haare der Kinder zumindest einmal im Monat zu schneiden. Man ging davon aus, daß häufiges Schneiden die Haare dunkler werden ließ. In der Biedermeierzeit war es nicht anders: Das unauffällige Schwarz war ebenso wie Blond beliebt, aber rote Haare waren verpönt und wurden sogleich übertönt. In seiner 1840 uraufgeführten Sittenposse *Der Talisman oder die Schicksalsperücke* macht sich Johann Nestroy mit beißendem Spott darüber lustig, welche Bedeutung der Haarfarbe für das Schicksal des einzelnen zukam: Der Barbiergeselle Titus Feuerfuchs hat unter seinen roten Haaren zu leiden. Als er jedoch eine schwarze Perücke als Talisman geschenkt bekommt, beginnt sich sein Schicksal zu wenden. Durch gezielte Perückenwahl gelingt ihm ein atemberaubender Aufstieg. Lediglich wenn seine natürliche Haartracht zum Vorschein kommt, gerät Feuerfuchs das Leben aus den Fugen. Tatsächlich kam es im Laufe des 19. Jahrhunderts wieder zu verstärkten Bedrohungen der Rothaarigen. Lediglich in Skandinavien und auf den Britischen Inseln fehlen Hinweise auf derartige Übergriffe. Die Rothaarigen gehören dort allerdings aufgrund der genetischen Prädisposition der Bevölkerung schon immer zum alltäglichen Bild und waren daher seltener Vorurteilen ausgesetzt. Einzig die irischen Einwanderer in den Vereinigten Staaten mußten mitunter Diskriminierungen wegen ihrer Rothaarigkeit erdulden; fünfundsechzig Prozent aller Rothaarigen in den USA stammen von Einwanderern aus Irland ab. Dabei ist der Anteil der Rothaarigen an der Gesamtbevölkerung in Schottland weitaus höher als in Irland. In Schottland sind rund vierzehn Prozent der Bevölkerung rothaarig, das ist die höchste Konzentration weltweit. Die abschätzige Behandlung Rothaariger in den USA war aber auch eine Folge der ethnischen Herkunft und des religiösen Bekenntnisses und nicht ausschließlich eine, die sich an ein individuelles Merkmal band. Iren waren eben als ein katholisches und trinkendes Kollektiv verachtet.

Trotz der Anfeindungen der Rothaarigen im Alltag kam es zumindest in der Malerei um die Mitte des 19. Jahrhunderts zu einem Wandel. Er nahm seinen Anfang im viktorianischen England und beeinflußte rasch auch die französische Kunst.

Bei den romantisierenden Präraffaeliten versinnbildlichten die Rothaarigen die reine madonnenhafte Unschuld. Die britischen Maler um Rossetti, Millais und Hunt versuchten die Kunst im Geiste der Maler vor Raffael wiederzubeleben und widmeten sich vorrangig religiösen Motiven. Erst allmählich und nicht zuletzt unter ökonomischem Druck wandten sie sich auch weltlichen Themen zu. Ihre Verbindung von Erotik, Religiosität und Naturlyrik beeinflußte rasch die französischen Symbolisten. Das schöne Schaurige der Briten wurde bald zum schaurig Schönen der Franzosen.

Allerdings wurde in der französischen Malerei – ganz im Unterschied zu den Bildern der Präraffaeliten – die Rothaarige nicht das Urbild der reinen Unschuld. Im Gegenteil: Das Paris des Zweiten Kaiserreiches war die Stadt der Kurtisanen. Die Pariser Bohème liebte es, in die Halbwelt hinabzusteigen und die jungen Französinnen, die ihre erotischen Dienste anboten, zu porträtieren. Die sinnliche, dralle, rothaarige Kurtisane lieferte das Modell vieler Frauenfiguren auf den Bildern der Impressionisten um Manet. Die Maler suchten die Provokation der Öffentlichkeit, indem sie die Modelle nicht mehr mythologisch verklärten wie die Symbolisten. Die rothaarige Dirne, die ihren Leib verkauft, taucht sowohl in Manets Bildnis der *Nackten Olympia* auf, das bei seiner ersten Publikums-

Die Kurtisane (Französische Lithographie, 1845)

ausstellung von zwei Soldaten geschützt werden mußte, als auch (in Gestalt der rothaarigen Kurtisane Victorine Meurent) im Bild *Frühstück im Grünen*. Fast alle Bilder Toulouse-Lautrecs spiegeln seine Faszination von Bordellmilieus wider. Er entwickelte einen Stil, der schonungslos mit der Moral seiner eigenen aristokratischen Abstammung abrechnet – auffällig wiederum, daß fast jede der von ihm Porträtierten rotes Haar trägt. Gerade die Bilder der französischen Impressionisten stellten für die kleinbürgerliche Welt des Wilhelminischen Kaiserreiches einen moralischen Skandal dar. Rot wurde aus deutscher Perspektive zur Farbe der französischen Dekadenz, von der sich das gerade aus der Taufe gehobene deutsche

Kaiserreich bewußt abheben wollte. Dazu gehörte auch die Kosmetik der Damenwelt. »Deutsche« Frauen trugen nach dem Willen ihrer nationalbewußten Ehemänner daher nur »Natur« und mieden die Verwendung von Lippenstift und Rouge. In der Halbwelt allerdings verfielen die Männer der Femme fatale, die vor allem dadurch faszinierte, daß sie all das tat (und trug), was den Konventionen widersprach. Am Rande der Gesellschaft stehend, rückte die Femme fatale, für die Rothaarigkeit ein Merkmal war, in das Zentrum der künstlerischen Aufmerksamkeit. Gustav Klimt war einer ihrer ersten und bekanntesten Porträtisten; später folgten ihm Georg Grosz und Otto Dix.

Pippi Langstrumpf beim Plätzchen backen (Ingrid Vang-Nyman, 1945)

In einer Abhandlung über rote Haare dürfen die rothaarigen Helden der Kinderliteratur nicht gänzlich unerwähnt bleiben. Insbesondere in den Mädchenbüchern sind die rothaarigen Mädchen nahezu zum Kult geworden. Die bekannteste ist zweifellos Pippi Langstrumpf, die mit ihrer phantasievollen Widerborstigkeit seit Generationen die Kinder Europas begeistert. Bereits in den dreißiger Jahren hatte Pippi in der Roten Zora eine gleichsam apokryphe Vorläuferin. Die Rote Zora stammt aus dem dalmatinischen Raum, und ihre Geschichten spielen, anders als die Pippis, vor einem explizit politischen Hintergrund. Daher fand sie erst im Zeitalter der politischen Entspannung in den siebziger Jahren Eingang in die deutsche Kinderbibliothek. Noch früher als die Rote Zora, nämlich bereits in den zwanziger Jahren, verübte in Amerika die Gestalt des rothaarigen Waisenmädchens Little Orphan Annie ihre Streiche; die Versuche, sie in den achtziger Jahren massenmedial wiederzubeleben, scheiterten am mangelnden Publikumsinteresse. In dieser Liste der rothaarigen Stars der Kinderliteratur dürfen natürlich auch Pumuckl und das Sams nicht fehlen – beide ähnlich widerborstig wie die rothaarigen Mädchen und damit echte Vertreter ihrer Gattung. Ellis Kaut, die Schöpferin der Gestalt des Koboldes Pumuckl, hat übrigens in einem Interview erzählt, daß sie bei ihrem Entwurf der Figur nicht nur auf das Urbild des Kobolds zurückgegriffen habe, sondern auch auf Woody Woodpecker, den Specht mit dem roten Schopf aus der Feder des US-Cartoon-Zeichners Walter Lantz. Die Tatsache, daß bis zu Arielle, der aufsässigen kleinen Meerjungfrau, keine der Comicfiguren Walt Disneys rote Haare haben durfte, fügt sich in diese gängige Vorstellung, die rotes Haar mit kindlichem Ungehorsam assoziert, nahtlos ein.

5. KAPITEL: DIE MACHT DES HAARES

Haube und Schleier

In der patriarchalen Gesellschaft des Mittelalters, die die Eigenständigkeit von Frauen beschnitt, gab es für diese nur zwei Möglichkeiten, um zu einem gesicherten Leben zu gelangen – »unter die Haube kommen« oder »den Schleier nehmen«. Stand die eine Redewendung für die Vermählung mit einem realen Mann, so verwies die zweite auf die symbolische Vermählung mit Christus, das heißt den Eintritt in eine klösterliche Ordensgemeinschaft. Die Absicherung der wirtschaftlichen Existenz war aber nur eine Seite dieses Unterfangens: Die Kontrolle der weiblichen Sexualität gehörte zur Kehrseite der Medaille und zu den wesentlichen Absichten der patriarchalen Gesellschaft im mittelalterlichen Europa. Auf der praktischen Ebene verbarg sich hinter den Redewendungen allerdings tatsächlich der Vorgang der Bedeckung des weiblichen Haares. Nur sehr jungen Mädchen – Mädchen vor der Geschlechtsreife – war es gestattet, ihr Haar lang und offen zu tragen; danach wurde es geflochten, hochgesteckt oder unter Tüchern verborgen. Ähnliche Regeln gelten heute noch in den reformatorischen Freikirchen wie beispielsweise bei den Hutterern und den Amish, aber auch in den islamischen Ländern sind sie noch lebendige Tradition.

Das lange, offen getragene Haar stand und steht symbolisch für die ungebändigte Sexualität, die weder einer unverheirateten Frau noch einer Ehefrau zugestanden wurde und wird. Nur der Ehemann darf sich am Anblick des offenen Haares seiner Frau erfreuen – so

Junge Frau mit Kopftuch (Kupferstich von Meister W. B., Rheinland 2. Hälfte 15. Jahrhundert)

fordert es die islamische Familienehre seit Jahrhunderten. Nicht zuletzt wegen dieses hohen symbolischen Charakters wurde das Tragen des Schleiers und des Kopftuches von Kemal Atatürk in seinem Bestreben, die Türkei zu einem modernen, zivilgesellschaftlich verfaßten, republikanischen Staat zu machen, verboten. In der seit Jahren unter türkischen und anderen islamischen Migranten in Westeuropa verstärkt geführten Diskussion um die Befolgung des Gebotes, das Kopftuch zu tragen, wird von den Befürwortern sehr bewußt verschwiegen, daß Kemal Atatürk ebenso das Tragen des Fes verboten hatte, der traditionellen Kopfbedeckung der Männer, die deren Zugehörigkeit zum Islam anzeigte. Während von den Frauen eine Rückkehr zum Schleier erwartet und gefordert wird, ist von der Wiederaufnahme der Tradition des Fes unter den islamischen Männern keine Rede. Das Beharren auf das Tragen des Kopftuches scheint sich offenbar weniger im Bereich des Religiösen zu begründen als in den geschlechtsspezifischen Machtverhältnissen.

Doch nicht nur im fundamentalistischen Islam lassen sich derartige Riten des Verschleierns von weiblicher Schönheit finden. Orthodox-konservative Gruppen innerhalb des Judentums gebieten verheirateten Frauen, sich den Kopf kahlzuscheren, um dadurch das Begehren des Mannes zu mindern. Den Hintergrund für diesen Brauch, der bis in biblische Zeit zurückreicht (Numeri 5,18), liefert die Überzeugung, daß das Verhältnis zwischen Mann und Frau nicht von Äußerlichkeiten abhängig sein soll; der Zweck der Ehe, außerhalb derer keine Sexualität stattfinden darf, ist die Zeugung von Nachkommenschaft. Die Ehe basiert auf dem Respekt und dem göttlichen Gesetz, Momente der Liebe gehören hingegen einzig Gott.

Damit sie nicht gedemütigt werden, dürfen diese Frauen in der Öffentlichkeit entweder ständig einen »Scheitl« (eine kurzhaarige Perücke) und/oder ein »Tichl« (Kopftuch) tragen. Gleichwohl entwickelten sich die künstlichen Haare in der religiösen Subkultur zu einer Art Fetisch. In der von Ultraorthodoxen dominierten israelischen Stadt B'nai-Brah beispielsweise versuchten vor wenigen Jahren eifernde Tugendwächter, durch öffentliche Proteste die Ausstellung von Perücken in Schaufenstern verbieten zu lassen, gingen sie doch vom erotisierenden Charakter dieser Ware für Männer ihrer Glaubensgemeinschaft aus. Erst nach heftigen Diskussionen wurde zwischen den Moralhütern und den Händlern ein Kompromiß erstritten: Die Ware durfte zwar fortan weiter öffentlich ausgestellt werden; die Schaufensterpuppen beziehungsweise deren Köpfe, denen die Perücken aufgesetzt wurden, mußten jedoch Sonnenbrillen tragen. Man glaubte, die sinnliche und erotisierende Gefahr, die von den künstlichen Augen dieser Plastikwesen für die Männer ausging, dadurch gleichsam gebannt zu haben.

Die Auffassung, die Kahlköpfigkeit von Frauen als Präventivmaßnahme gegen das männliche Begehren durchzusetzen, findet ihre Entsprechung auch in den lamaistisch-buddhistischen Frauenklöstern: Die buddhistischen Nonnen unterwerfen sich mit der vollkommenen Rasur des Kopfes genau wie die Mönche dem Gebot der Keuschheit, vor allem aber dem der Geschlechtslosigkeit – Männer und Frauen werden durch die Rasur äußerlich zu gleichen Wesen, jenseits der sie umgebenden Gemeinschaften.

Der österreichisch-amerikanische Modeschöpfer Rudolf Gernreich konzipierte mit seinen kahlköpfigen Unisex-Modellen zu Anfang der siebziger Jahre eine ähnliche Welt der äußerlichen Gleichheit. Im Unterschied zum asiatischen Vorbild verband er seine Mode jedoch nicht mit dem Anspruch der Geschlechtslosigkeit – vielmehr propagierte er durch die modische Geschlechtsannäherung die Befreiung der Frauen und Männer von den tradierten Rollenzwängen. Er kreierte bewußt eine Mode der Bipolarität. Zu den grellbunten, togaartigen Gewändern, die Weiblichkeit symbolisieren, gesellte er konterkarierend die harte Männlichkeit symbolisierende Kahlköpfigkeit. Die umgekehrte Inszenierung – lange Haare und männliche Bekleidung – hätte seinem Empfinden nach nicht das Grundmuster der Vorherrschaft des Mannes gebrochen und wäre auch keine Provokation gewesen, da die Frauen der Industriestaaten schon länger Hosen und maskuline Mode trugen. Erst durch die Feminisierung der »zweiten Haut« des Mannes sah er die Möglichkeit, die Dominanz des männlichen Modells zu brechen. Durch die Kahlheit des Kopfes wollte er die Frauen von der aufwendigen Frisurenkosmetik befreien. Gernreichs Menschenbild, das schon in den siebziger Jahren mit Formen der Androgynität spielte, sollte erst mehr als zwei Jahrzehnte später dem Zeitgeist entsprechen.

In der katholischen Tradition wurde der radikale Weg der buddhistischen Klostergemeinschaften nie beschritten. Frauen, die das Gelübde ablegten, mußten zwar als Zeichen der Unterwerfung auf Attribute weiblicher Schönheit verzichten, ihr Haar kürzer schneiden und es vollkommen mit einem Schleier bedecken. Sie sollten sich die Haare aber nie bis zur Kahlköpfigkeit kürzen, da dieses Sinnbild der Demut den Priestern und Mönchen vorbehalten war. Die Nonnen als Bräute Christi mußten ein wesentliches Zeichen ihrer

Weiblichkeit behalten und durften nicht zu geschlechtslosen Wesen werden. Selbst als Nonnen mußten sie Frauen, nur eben Jungfrauen bleiben.

Wie sehr der Schleier als Element einer Uniform die psychische Identität der Nonnen prägt, läßt sich anhand von Berichten über die tragischen Geschehnisse in den Konzentrationslagern der nationalsozialistischen Terrorherrschaft illustrieren. Ella Lingens, Häftlingsärztin in Auschwitz, schildert in ihrem bewegenden Bericht *Auschwitz* (1962) den vollkommenen psychischen Zusammenbruch von polnischen Ordensschwestern, die in die Vernichtungslager eingeliefert wurden. Vermochten sie die Entkleidung noch über sich ergehen zu lassen, so war der Raub des Schleiers für sie der eigentliche Moment der Entwürdigung. Nicht wenige Nonnen bestanden darauf, mit dem Schleier in die Gaskammern zu gehen.

Während die Mehrheit der nichtkontemplativen katholischen Frauenorden heute auf das Tragen eines die Haare verbergenden Schleiers verzichtet und nur noch einen Kurzhaarschnitt vorschreibt, besteht in den orthodoxen Klöstern ungebrochen die Tradition der Verschleierung des Hauptes als sichtbarem Zeichen der Keuschheit. Doch nicht nur die Nonnen werden dort diesem Ritual unterworfen. Alle Frauen müssen beim Betreten der orthodoxen oder unierten Kirchen ihr Haupt bedecken, während Männer das ihre zu entblößen haben.

In den westeuropäischen Staaten kam die katholische Kirche von diesem Ritual seit dem Zweiten Vatikanum (1962–1965) ab. Lediglich für die Begegnung mit dem Papst schreibt das Protokoll Frauen die Verschleierung vor. Tatsächlich leisten diese Ehrerbietung heute nur mehr Traditionalistinnen, Angehörige des Diplomatischen Korps oder Staatsoberhäupter wie die englische oder die schwedische Königin. Hillary Clinton hingegen begegnete dem Papst als praktizierende Methodistin in ziviler Form und löste damit im Vatikan Verstimmung aus. Sie mißachtete dabei zwar das römische Protokoll, folgte jedoch umgekehrt nur der Tradition ihrer eigenen Glaubensrichtung. Anders als die ihnen verwandten Quäkerinnen hatten Methodistinnen immer das Tragen der viktorianischen Hauben im 19. Jahrhundert verweigert und damit ihre Gleichheit mit den Männern zum Ausdruck gebracht. Für sie ist die Haube kein

Witwentracht (Trachtenbuch von Weigel, 16. Jahrhundert)

Zeichen der Keuschheit, sondern des eitlen Putzes. Nur Witwen tragen diese Kopfbedeckung.

Das kurze Haar und das es bedeckende Kopftuch oder der Witwenschleier galten seit dem Mittelalter in allen europäischen Kulturen als ein Zeichen der Trauer um den verlorenen Mann. Am längsten blieb diese Sitte in den mediterranen Kulturen lebendig, und sie wird in manchen Regionen des Balkans bis heute gepflegt. Die »fröhliche« Witwe hingegen trug langes offenes Haar und signalisierte damit ihre Bereitschaft zur Wiederverheiratung, was nicht in allen Gesellschaften wohlwollend aufgenommen wurde – und wird. In den mediterranen Kulturen, in denen Frauen in die Familie des Mannes einheirateten und dort gleichsam ihre Rechte aufgaben, bedeutete die Wiederverheiratung bis in die jüngere und jüngste Vergangenheit hinein eine Art Tabubruch. Frauen, die sich dieser patriarchalischen Norm nicht unterwerfen wollten, waren in den Phantasien der Männer seit jeher dafür gut, Auslöser von unheilbringenden, wollüstigen Gedanken zu sein. Die Sirenen, mythologische Figuren des östlichen Mittelmeerraums und bekannt für ihre unwiderstehlichen verführerischen Stimmen, werden in bildlichen Darstellungen stets mit offenem, wallenden, oft gar roten Haar gezeigt. Auf den antiken Mythos gründen sich die zahlreichen Geschichten über Meerjungfrauen; selbst die Gestalt der Lorelei, wie wir sie aus der Beschreibung Heinrich Heines kennen, steht in seiner Tradition: Hoch auf einem Hügel über dem Rhein sitzt, so die Sage, die Lorelei und kämmt ihr langes Haar. Und stürzt auf diese Weise einen Schiffer nach dem anderen in sein Unglück.

In der Reihenfolge: Hera, Aphrodite, Hestia, Pallas Athena

Die Verführungskraft des Haares

Auf die verführerischen Qualitäten des weiblichen Haares weisen fast alle Dichter seit der europäischen Antike hin. Das Haupt der Aphrodite, der Göttin der Liebe, zierte nie ein Schleier, im Gegensatz zur keuscheren Hera oder deren Schwester Hestia, der Göttin des Herdes und des Feuers. Besonders deutlich kommt der Zusammenhang zwischen locker getragenem Haar und erotischer Anziehungskraft in Ovids dichterischer Darstellung der unerfüllten Liebe zwischen Apoll und der Bergnymphe Daphne zum Ausdruck: Apoll, der ewig junge und lockenköpfige Gott, der sein Haar nie schneiden muß, verfolgt Daphne mit seinen Nachstellungen. Daphnes besondere Attraktivität bestand in ihrem wilden und wallenden Haar – im Originaltext heißt es »positos sine lege capillos« (die regellos liegenden Haare). Daphne jedoch ist nicht bereit, ihre Jungfräulichkeit preiszugeben und wehrt das Liebeswerben des Gottes ab. Als er sie schließlich stellt, verwandelt ihre Mutter, die Erde (einer anderen Version zufolge auch ihr Vater, der Flußgott Penëus), sie in einen Lorbeerbaum. Ihre Haare werden zu dessen immergrünen Blättern. Apoll, der ihr echtes Haar nicht berühren konnte, als sie noch menschliche Gestalt hatte, pflückt die Blätter und schmückt von nun an mit ihnen sein Haupt, seine Leier und seinen Köcher. Mit diesem Akt vollzieht er die Vereinigung, die er in der mythischen Realität nicht hatte erreichen können.

Zwischen der sexuellen Verführung durch die Frau und dem anschließenden Unglück besteht der antiken Auffassung zufolge ein enger Zusammenhang. Offene Haare symbolisieren daher in den überlieferten Erzählungen und Berichten antiker Autoren eine lebensbedrohende Gefahr. Am deutlichsten illustriert dies wohl der bekannte Mythos der Gorgonen und insbesondere der Gorgo Medusa, auf deren Haupt sich todbringende Schlangen räkeln. Als Archetypus im Jungschen Sinn symbolisiert die Gorgo damit nicht nur

Das Haupt der Medusa, Kunsthistorisches Museum, Wien (Peter Paul Rubens, um 1618)

das Böse in einem selbst, sondern auch die ungezügelte weibliche Sexualität. Schon ihr Anblick, aber auch das Berühren ihres Haares, versteinert den Menschen.

Gingen vom Haar der Frau verführerische Reize aus, so sah man im Haar des Mannes in vielen antiken Kulturen ein Zeichen seiner Führungsqualität, seiner Macht und persönlichen Stärke. Der Topos von der im Haar ruhenden Macht verbreitete sich ausgehend

Delila schneidet Simson das Haar (Stich von Meister E. S., Süddeutschland, 15. Jahrhundert)

vom Zweistromland in den angrenzenden Zivilisationen. Das Gilgamesch-Epos mit seiner Darstellung des Enkidu bildete dabei gleichsam den Urtext dieser Vorstellung, die mit der Geschichte der Bezwingung des scheinbar Unbezwingbaren einhergeht. Das Gilgamesch-Epos ist freilich weit weniger blutig als jene Version, die das Judentum in seine Mythologie inkorporierte. Im alttestamentarischen Buch der Richter triumphiert Delila über den löwenstarken Simson, indem sie mit ihm schläft und sein Lockenhaar abschneidet. Stoffgeschichtlich belegt ist zudem die Parallele zwischen der Simson-Delila-Erzählung und der biblischen Geschichte von der Ver-

Simson bezwingt den Löwen (Kupferstich von Meister E.S., Süddeutschland 15. Jahrhundert)

treibung aus dem Paradies. In allen drei Fällen geht es um den Verrat der Frau am Mann – sie verführt ihn und verursacht damit seine folgenschwere Schwächung. Daß bei dieser Schwächung das männliche Haar eine wesentliche Rolle spielt, ist freilich in der Genesis-Version der Erzählung getilgt. Im Gilgamesch-Epos besteht der Zusammenhang über die Schilderung der starken Körperbehaarung Enkidus, am deutlichsten kommt der Konnex Haar = Stärke / Haarverlust = Schwächung aber in der Version des Buchs der Richter zum Tragen.

Die Fortführung des babylonischen Urtextes in der jüdischen Kultur läßt sich auch anhand eines anderen kleinen Details nachvollziehen, das zugleich die Rivalität der beiden Kulturen bezeugt. Real hatten die Babylonier die jüdischen Stämme unterworfen; in der Literatur entwarfen sie jedoch ein Gegenbild der Stärke. Simson hatte demnach siebenfach gelocktes Haar und übertraf so seinen babylonischen Vorläufer Enkidu um eine Lockung. Im Neuen Testament selbst lassen sich keine vergleichbaren Stellen mehr finden, an denen dem Haar beziehungsweise den Locken wie im Alten Testament mythische Qualitäten wie Macht und Stärke zugesprochen werden. Dort ist es nur mehr die verführerische Qualität des Haares, die betont wird, wie etwa in der Geschichte der Maria Magdalena deutlich wird. Gleichwohl ist dem Wort »Locken« bis heute eine doppelte Bedeutung inhärent: Es bezieht sich nicht nur auf das Formen der Haare, sondern bedeutet vor allem auch »verführen« (im Sinne von »anlocken«).

Die Bedeutung des Haars als Symbol der Macht und Stärke gehörte ebenso zur Vorstellungswelt des antiken Griechenland: Siegreiche Krieger schnitten den ihnen unterlegenen Kämpfern stets die Haare ab; die helmtragenden Soldaten bemalten ihre Kopfbedeckungen mit symbolischen Darstellungen ihres Haares, um ihre Stärke zu unterstreichen. (Die Rasur des Gegners als Zeichen seiner Demütigung läßt sich in vielen Kulturen nachweisen. Man denke nur an das grausige Ritual des Skalpierens bei einigen nordamerikanischen Indianervölkern.)

Von den Kriegern Spartas heißt es, daß sie ihr Haar vor jedem wichtigen Kampf besonders sorgfältig kämmten. Zum Sterben bereit, wollten sie Thanatos, dem Gott des Todes, würdig entgegentreten. Bei den kurzhaarigen Persern trug ihnen dieses Ritual den Vorwurf der Eitelkeit, besonders aber der Verweiblichung ein. Diese maßlose Fehleinschätzung veranlaßte Xerxes bei seinem Zug gegen Griechenland in der Schlacht von Plataeae (479 v. Chr.), nur eine geringe Truppenanzahl gegen das Aufgebot Spartas zu schicken, wodurch es zu einer Niederlage der Perser kam. Er hatte das Ritual der Spartaner seinem Alltagsverständnis entsprechend gedeutet und nicht in Zusammenhang mit den spezifischen Glaubensvorstellungen des Pelopennes gesehen.

In der Vorstellungswelt der Griechen trat der Tod eines Menschen dann ein, wenn Thanatos dem Sterbenden das Haar geschoren oder aber es auch nur berührt hatte. Da Thanatos menschliche Gestalt annehmen konnte, war es strikt untersagt, Kindern bis zum dritten Lebensjahr die Haare zu schneiden; auch schwangere Frauen hatten sich einer Verkürzung der Haare zu enthalten. Im Judentum wurde diese Vorschrift übernommen und gilt auch heute noch.

Die Bedeutung des Haares bei den Griechen kommt zudem in kultischen Handlungen zum Ausdruck. In der Epoche der Ablösung des Menschenopfers ersetzte das Haar den Körper des Opfermenschen am Altar der Götter und repräsentierte die Unterwerfung unter den Willen der Götter. Gleichwohl durfte dieses Opfer nur am Festland gebracht werden. Das Schneiden des Haares auf einem Schiff führte, so der Glaube der Griechen, zu dessen Untergang, da sich die Menschen Poseidon unterworfen hätten. Dem römischen Imperium waren derartige Glaubensvorstellungen ebenfalls nicht fremd. Die geschilderte Substitutionsfunktion des Haares für den Kopf, gleichsam als ein pars pro toto, findet auch im lateinischen Begriff für die Haare ihren Niederschlag – »capillus«, also: kleiner Kopf.

Von langhaarigen Königen

Die germanischen Stämme huldigten einem der griechischen und römischen Antike vergleichbaren Haarkult. In den Gesetzen der Alemannen, Franken, Langobarden und Angeln zog das erzwungene Scheren des Hauptes eines Mannes schwere Strafen nach sich;

vergleichbare Delikte an Frauen wurden hingegen nicht geahndet. Der angelsächsische König Alfred der Große (um 848–899) setzte für diese Tat eine Strafe in der Höhe des Kaufpreises einer Kuh fest, und selbst Friedrich Barbarossa sah sich noch veranlaßt, dafür in seiner Rechtsprechung hohe Strafen festzulegen – zu einem Zeitpunkt, da das Haar seine sakrale Bedeutung längst verloren hatte. Was geblieben war, war jedoch seine Funktion als Symbol für Unabhängigkeit und Zeichen der ständischen Position.

In den von den Germanen beherrschten frühmittelalterlichen Gesellschaften und Königreichen repräsentierte langes Haar Souveränität und damit verbunden persönliche Freiheit; kurzes Haar stand im Gegenzug für Unfreiheit und Unterwerfung. Beispielhaft für diese Einstellung sind die Begebenheiten im merowingischen Königshaus. Chrodechild (gestorben 554), die nachmalige heilige Chlotilde und Gemahlin des Reichsgründers Chlodwig I. (482–511), hatte 524 die Vormundschaft für ihre drei Enkel, die Söhne des gefallenen Chlodomer von Orléans, übernommen. Mit Eifersucht und Mißtrauen beäugten Chlotildes Söhne Chothar I. und Childebert I. das Heranwachsen ihrer Neffen Theudobald, Gunthar und Chlodovald, die ebenfalls Anrecht auf das merowingische Erbe hatten. Um sich der potentiellen Rivalen zu entledigen, lockte Childebert die Knaben mit dem Versprechen aus der Obhut ihrer Großmutter, sie krönen zu wollen. Nachdem sie die Jungen in ihre Gewalt gebracht hatten, schickten Chlothar und Childebert einen Boten zur Königswitwe, der ihr zwei Symbole überbrachte – nämlich ein Schwert und eine Schere. Der Bote stellte Chlotilde vor die Wahl, ihre Enkel entweder durch das Scheren der Haare zu Mönchen zu machen und sie so aller politischen Macht zu entkleiden oder ihre Ermordung zuzulassen. Angesichts dieser Alternative soll die Königswitwe aufgeschrien haben: »Wenn sie nicht Könige werden sollen, dann lieber tot!« Chlotilde wählte für die Knaben den Tod, den sie für ehrwürdiger ansah als den Verzicht auf die Herrschaftsrechte, der durch das Scheren einen symbolischen Ausdruck gefunden hätte. Daraufhin erschlug Chlothar die beiden älteren Neffen mit eigener Hand. Chlodovald, der jüngste, hingegen soll sich einem Bericht Gregors von Tours zufolge selbst sein Haar gekürzt haben, um dem grausamen Los seiner beiden Brüder zu entkommen. Dem Verlust des königlichen Erbes konnte er damit freilich nicht entgegenwirken. Er wurde Priester, was ihn zwar von der Erbfolge ausschloß, aber gleichzeitig nicht entehrte: Die freiwillige Tonsur zog nicht die unendliche Demütigung nach sich, die ein Geschorenwerden zur Folge gehabt hätte.

In diesem Kontext ist interessant zu wissen, daß bereits beim Gründungsmythos der Merowinger die Haartracht eine wesentliche Rolle spielte. Im Gefolge seiner Hochzeit mit Chlotilde nahm Chlodwig I. zwar nach einigem Zögern und vor allem wohl aus politischem Kalkül die Religion seiner Frau an und trat zum Christentum über. Aber er hielt an gewissen heidnischen Traditionen fest. So trug er sein Haupthaar stets lang, um die Stärke seiner Königsmacht zu demonstrieren. Dieser Brauch wurde auch von seinen Nachfolgern fortgeführt, die merowingischen Könige nannten sich bewußt und stolz »Reges criniti«: langhaarige Könige. Nicht nur im übertragenen, sondern im konkreten Sinne war mit der Haartracht der Merowinger ihre Regentschaft verknüpft. Die Geschichte des Geschlechts war beendet, als dem letzten Merowinger die Haare abgeschoren wurden. Damit hatten die Karolinger endgültig die Macht im Reich ergriffen. Sie brauchten den letzten in einer langen Reihe von sogenannten »Schattenkönigen« aus dem Geschlecht der Merowinger nicht zu töten, einmal mehr genügte die öffentliche Demütigung durch Erteilung der Tonsur. Childerich III., dem dieses Schicksal 751 durch die Hand des karolingischen Hausmeiers Pippin widerfuhr, darbte die letzten Lebensjahre als Mönch in einem Kloster.

Die Veränderungen, die sich im Laufe der Jahrhunderte hinsichtlich der symbolischen Bedeutung der Haare ergaben, sind an einem scheinbar unbedeutenden Detail erkennbar. Einer der großen Karolinger trug in Anspielung auf seine Glatze den Beinamen »der Kahle«, was seiner Macht jedoch keinerlei Abbruch tat. Zu Zeiten der Merowinger hätte die Kahlheit des Königs die Legitimität seiner Herrschaft in Frage gestellt, da sie als Verlust des Königsheils gewertet worden wäre.

Geschickt hatten es die Karolinger verstanden, ihre Macht und ihren Herrschaftsanspruch anders als die Merowinger zu legitimieren. Sie setzten nicht mehr auf die Sakralität des Haars, sondern ließen sich vom Papst, dem Stellvertreter Christi, mit heiligem Öl salben. Mit der Salbung Pippins durch Papst Stephan II. (752) war der Untergang der Merowinger und der Aufstieg der Karolinger besiegelt.

In bewußter, gleichsam antithetischer Umdeutung des merowingischen Gründungsmythos verstanden es die Karolinger zudem, die Legitimität des eigenen Hauses weiter zu untermauern. Sie wiesen öffentlich darauf hin, Abkömmlinge einer Heiligen zu sein, die sich nicht – wie Childerich – unter Zwang, sondern freiwillig der Tonsur hingegeben hatte: Gertrude (626–659), die Tochter des ersten fränkischen Hausmeiers Pippin des Älteren (um 580–640) und seiner Gemahlin Itta (592–652), wurde zur Familienheiligen der Karolinger auserkoren. Sie, die bereits im Kindesalter Keuschheit gelobt hatte, sollte auf Betreiben König Dagoberts I. (um 608–638) mit einem wohlhabenden Edelmann verheiratet werden, lehnte dies aber ab und trat in das 640 von ihrer Mutter gegründete Kloster Nivelles (im heutigen Belgien), die spätere »Wiege der Karolinger«, ein. Beim Eintritt schnitt Gertrudes Mutter Itta ihrer Tochter die Haare in Form eines Kranzes (Tonsur). Die beiden Frauen weihten ihr Kloster dem Ziel, für alle Frauen und Töchter offen zu sein, die der Gefahr einer (Wieder-)Verheiratung ausgesetzt waren. Nach Ittas Tod wurde Gertrude Äbtissin des Klosters.

Der Glaube an die im Haar sitzende Macht verlor mit der Verfestigung christlicher Glaubensvorstellungen zwar an Bedeutung; das Haar selbst blieb aber ein Mittel, besondere Beziehungen oder Macht zu bezeugen. So sandte Karl Martell (um 689–741), der »erste Karolinger«, seinen Sohn Pippin 735 zum Langobardenkönig Liutprand (690–744), damit dieser ihm in einem rituellen Akt zur Besiegelung des Übertritts vom Knaben- zum Jünglingsstatus die Haare schneiden solle. Liutprand wurde so zum spirituellen Vater des Knaben, und der Junge hatte sich seinerseits dem langobardischen König unterworfen. Das damit hergestellte gute Verhältnis zwischen Franken und Langobarden trug neben Karl Martells Sieg über die vordrängenden Araber in der Schlacht von Poitiers (732) mit dazu bei, den Grundstein für das nachmalige Riesenreich der Karolinger unter Pippins Sohn Karl dem Großen zu legen.

Einen späteren Reflex dieses Zusammenhangs von Haartracht und Status kann man in der Literatur des 13. Jahrhunderts finden: Der Protagonist der von Wernher dem Gartenaere verfaßten Verserzählung *Meier Helmbrecht* (um 1280) will sich mit seinem Stand und seiner Herkunft als Bauerssohn (beziehungsweise Meier) nicht abfinden. Er beschließt, Raubritter zu werden, und läßt sich als äußeres Zeichen des Abschieds vom bisherigen Stand sein Haar lang wachsen – zu dieser Zeit ein Vorrecht der Aristokratie. Sein »Ausscheren« aus der Norm der mittelalterlichen Ständegesellschaft bekommt ihm jedoch nicht gut. Er verbringt gemeinsam mit einer Gruppe von Raubrittern seine Zeit mit grausamen Verbrechen. Schließlich wird er gefangen, vor Gericht gestellt, geschoren und geblendet. Von ehemaligen Opfern wiedererkannt, wird der grausame Emporkömmling aufgehängt.

6. KAPITEL: DIE MACHT DER GLATZE

Aristoteles sah in der Glatze des Mannes noch ein Zeichen der männlichen Potenz. Cäsar zweifelte bereits an dieser Theorie, begnügte sich jedoch mit dem einfachen Lorbeerkranz, um seinen schütteren Haarwuchs zu verbergen. Das Alte Testament dagegen warnte zwar im 2. Buch der Könige davor, sich über Glatzköpfige lustig zu machen: »Von dort ging er nach Beth-El. Während er den Weg hinaufstieg, kamen junge Burschen aus der Stadt und verspotteten ihn: Sie riefen ihm zu: Kahlkopf, komm herauf! Kahlkopf, komm herauf! Er wandte sich um, sah sie an und verfluchte sie im Namen des Herrn. Da kamen zwei Bären aus dem Wald und zerrissen zweiundvierzig junge Leute.« Das Alte Testament sah aber in der Glatzköpfigkeit ebenso eine Strafe Gottes – »Dann habt ihr Moder statt Balsam, Strick statt Gürtel, Glatze statt kunstvolle Locken, Trauergewand statt Festkleid, ja, Schande statt Schönheit.« (Jesaja 3,24).

In der christlichen Ikonographie sind es dementsprechend nur wenige Heilige, die mit schütterem Haarwuchs dargestellt werden. Der prominenteste von ihnen ist ohne Zweifel der heilige Petrus. Die Herkunft seiner Glatze ist Stoff zahlreicher europäischer Volkserzählungen. So erklärt eine satirische Erzählung aus dem Allgäu sie mit dem Versuch des Petrus, vor Jesus einen Pfannkuchen unter seiner Mütze zu verstecken. Der hatte ihm die Annahme des Geschenks untersagt. Als Strafe für seinen Ungehorsam verlor Petrus

Der heilige Petrus (Kupferstich vom Meister i. E., Süddeutschland 2. Hälfte 15. Jahrhundert)

alle Haare an jener Stelle, die vom Pfannkuchen bedeckt worden war. Nur die Locke an der Stirn, die unter der Mütze hervorgetreten war, blieb ihm erhalten.

Karl II. (823–877), westfränkischer König und seit 875 Kaiser, wurde bereits von seinen Zeitgenossen nicht ohne Spott mit dem Titel »der Kahle« bedacht. (Wenngleich schon dieser Beiname wenig schmeichelhaft war, kam Karl II. noch besser weg als die anderen Nachfahren und Namensvettern von Karl dem Großen: Karl der Dicke (839–888) und Karl der Einfältige (879–929) markierten – vor allem für die Nachwelt – Verfall und Dekadenz des Geschlechts vom 9. bis zum 12. Jahrhundert.) An der negativen Einschätzung der Glatze konnte auch das Lobgedicht auf die Glatzköpfigen durch den mittelalterlichen Abt und Gelehrten Hucbald von St. Armand (840–930) nichts ändern. In 146 Versen, die alle mit dem Buchstaben c wie »calvus« (kahl) beginnen, rühmte er die natürlichen und angeborenen Führungsqualitäten von kahlen Männern als Klerikern, Königen, Kriegern und Gelehrten. Sein in der Literaturgeschichte einzigartiges Werk *In laudem calvorum* (Zum Lob der Kahlköpfe) oder auch *Ecloga de Calvis* (Loblied auf die Kahlköpfe) widmete er dem Erzbischof Hatto von Mainz, der eine Glatze hatte; da Hucbald der Palastschule Karls des Kahlen angehörte, ist anzunehmen, daß sein Gedicht auch bei diesem Gefallen fand.

Perückenpracht

Der überaus eitle Ludwig XIV., gleichfalls bereits in jungen Jahren unter Haarausfall leidend, etablierte hingegen die bereits unter seinem Vater Ludwig XIII. eingeführte opulente Perücke als unabdingbaren Bestandteil der europäischen Hofmode. Sie diente dazu, die als Mangel empfundene Glatze zu verdecken.

Im bürgerlichen Zeitalter vermochten die männlichen Mitglieder der Gesellschaft ihre nachlassende Haarfülle allerdings nicht mehr mit einer Perücke zu vertuschen – hatte doch die Revolution diese Mode auf dem Schafott beendet; ja selbst die politische Restauration hatte sie nicht mehr wiederzubeleben vermocht. Sich der Öffentlichkeit »naturbelassen« mit dem Sinnbild nachlassender Männlichkeit und Vitalität zu stellen, wagten indes nicht alle. Anstelle von Kunsthaar, Haarersatzteilen und Toupets suchten Männer in der Wissenschaft der Tinkturen Zuflucht, wenngleich die Heilkraft fast aller dieser Mixturen eher aus dem Glauben an ihre

Wirksamkeit resultierte. Schon im Mittelalter hatten die Mediziner zahlreiche ebenso wirkungslose Mittel auf den Jahrmärkten vertrieben und sich dabei auf die Erfahrung der alten Ägypter berufen, die das tägliche Einreiben der Glatze mit dem Fett von Steinböcken und Nilpferden empfahlen. In den alpinen Gegenden Europas galt beispielsweise das Fett des Murmeltieres als haarwuchsfördernd.

Im 19. Jahrhundert begann dann die chemische Industrie mit ihren Massenprodukten über ein breit gefächertes Netz an Drogerien und Apotheken die Hausierer und lokalen Kurpfuscher als Mittelsmänner geheimnisvoller Tinkturen abzulösen. Die industrielle Fertigung sowie spezifische Werbemethoden gaben den Mittelchen den Nimbus der Wissenschaftlichkeit und die Aura des Erfolges. Inserate in billigen Massenzeitungen, die damals aufkamen, sowie das Entstehen des anonymen Versandhandels unterstützten die Verbreitung der Haarwuchsmittel, die die Kunden bevorzugt heimlich und verschämt erwarben. Das Versandwesen erlaubte aber auch, daß immer neue Rezepturen in den Handel kamen, die den Mißerfolg der älteren überdeckten. Oftmals blieben die Konsistenzen der beworbenen Mittel gleich, lediglich der Produktname und der Name der Vertriebsfirma änderten sich.

Die Angst vor der Glatze

Die in der Volksmeinung bestehende – und teilweise von Ärzten vertiefte – Vorstellung, daß zwischen sexueller Potenz und Haarfülle ein unmittelbarer Zusammenhang bestehe, sichert den Herstellern von Haarmitteln bis heute einen stetig steigenden Kundenstamm von verunsicherten Männern. Die jüngst produzierten Mittel zur Verlangsamung des Haarausfalls werden sogar gelegentlich als »Viagra für den Kopf, damit auf Glatzen verläßlich wieder etwas aufsteht« beworben. Daneben spielen heute allerdings auch wieder ästhetische Motive eine Rolle beim männlichen Wunsch nach unbeeinträchtigter Kopfbehaarung. Die dem Ideal ewiger Jugend verfallene Gesellschaft hat mit der kosmetischen Chirurgie auch den glatzköpfigen Männern einen neuen Weg eröffnet. Ausgehend von den USA hat sich die Methode der Haarverpflanzung in den letzten beiden Jahrzehnten zu einem lukrativen Geschäftsfeld für die plastische Chirurgie entwickelt. Idole der Populärkultur wie der britische Sänger Sir Elton John fungieren dabei als lebende Werbeträger für die Sehnsüchte eitler oder verunsicherter Männer jeden Alters. Die Kosten derartiger zum Teil sehr schmerzhafter und oft nicht erfolgreicher Operationen belaufen sich auf Beträge ab 10 000 Euro aufwärts. Präventiv bietet die Kosmetikindustrie daher Haarpflegeprodukte, die die »Gesundheit der Haare« sichern sollen, wie Shampoos, die mit Vitaminen angereichert sind. Der natürliche Haarausfall beim Mann wird so zum Krankheitsbild stilisiert und der Mann mit Geheimratsecken oder Glatze als krank stigmatisiert.

Selbst die Leinwandikonen der westlichen Welt bleiben angeblich von diesen Ängsten nicht verschont. So wird George Clooney, der mehrmals zum »sexiest man alive« gewählt worden ist, von bunten Blättern mit einer gewissen Schadenfreude folgender Satz in den Mund gelegt: »Ich betrachte neuerdings täglich besorgt meinen Haaransatz, um zu sehen, ob er zurückgeht.« Mit diesen einfachen »home stories« über die individuelle und gleichzeitig kollektiv geteilte Sorge um den Haaransatz schwindet zugleich die Differenz zwischen den Stars und ihren Fans. Die Angst vor der Glatze hebt die Unterschiede zwischen Arm und Reich scheinbar auf; Tratsch fungiert als systemstabilisierendes Element.

Zu den Leidensgenossen derjenigen, die im täglichen Streben nach sozialem Status und Anerkennung um ihr Haupthaar fürchten, zählt nach Berichten der Yellow Press inzwischen auch der britische Prinz William. Sein Haar könnte zum Schrecken seiner zahlreichen Verehrerinnen bereits in jungen Jahren das Schicksal der Haare seines Vaters ereilen. Lebte William in Deutschland und wäre gar Beamter, so könnte er unter Umständen Anspruch auf Finanzierung einer Perücke durch die Sozialversicherung geltend machen. Dieses Privileg genießen in Deutschland tatsächlich nur Beamte und nicht der »normale« Sozialversicherte. Die ehemals geltende Einschränkung dieses Anspruchs auf Personen unter dreißig Jahren wurde erst unlängst vom Verwaltungsgerichtshof Mannheim aufgehoben, da Kahlköpfigkeit bei jeder Altersgruppe Depressionen verursachen könne. In Österreich haben nur Frauen einen Anspruch auf Perücken.

Paradoxerweise blüht das Geschäft mit dem verpflanzten Haar in einer Zeit, da die Haarmode Männern immer kürzere Schnitte diktiert. Dennoch fürchten sich viele junge Männer vor der »natürlichen« Glatze oder frühzeitig auftretenden Geheimratsecken. Tatsächlich belegen die Statistiken, daß in Europa fast jeder dritte Mann unter dreißig Jahren unter Haarausfall leidet; in Deutschland allein sind schätzungsweise 12 Millionen Menschen davon betroffen. In Europa bekommen zirca achtzig Prozent der Männer im Verlauf ihres Lebens eine Glatze, während der vergleichbare statistische Wert bei Afrikanern nur fünfundzwanzig Prozent, bei Asiaten sogar nur fünfzehn Prozent beträgt.

Mo Mowlam

Doch auch Frauen können unter Haarausfall leiden. Bereits im Alter von zwanzig Jahren ist bei fünf bis zehn Prozent der Frauen deutlicher Haarausfall entlang des Scheitels festzustellen. In den Wechseljahren sind zwanzig Prozent betroffen. Viel häufiger als bei Männern ist Haarausfall bei Frauen ein deutlicher Hinweis auf negative Umwelteinflüsse. Ein bezeichnendes Beispiel hierfür ist der »matchgirl strike«, der 1899 im britischen Streichholzwerk Bryand & May geführt wurde. Die Haut der Arbeiterinnen, die bei der Herstellung von Zündhölzern mit Phosphor in Kontakt kam, wurde gelb, viele Arbeiterinnen erkrankten an Knochenkrebs, vor allem aber verloren fast alle Frauen bereits nach kurzer Zeit ihre Kopfhaare. Die Scham über die Kahlköpfigkeit verstärkte die Verzweiflung über das ihnen Widerfahrene. Ganz offensichtlich wurde die außergewöhnliche Beeinträchtigung ihrer Gesundheit ausschließlich durch die Arbeitsbedingungen in der Fabrik verursacht. Die Wut und das Schamgefühl der Frauen mündeten in einem landesweit beachteten Streik, dessen Erfolg zur Ausbreitung von Gewerkschaften in Großbritannien beitrug.

Verschämt nehmen die meisten Frauen die Folgen der Chemotherapie auf sich und verstecken ihren von der Strahlentherapie verursachten Haarausfall unter Perücken und Kopftüchern. Die britische

Nordirland-Ministerin Mo Mowlam wollte hingegen offen mit den Konsequenzen ihrer Krankheit sowie den schmerzhaften Therapiefolgen umgehen und verzichtete bei einzelnen öffentlichen Auftritten bewußt auf das schlecht sitzende und billige Kunsthaar, das ihr wie jeder anderen Frau von der Krankenkasse angeboten worden war. Vor völlig verblüfften Journalisten, die das reservierte und distanzierte Verhalten britischer Politiker gewohnt sind, zog Mo Mowlam bei Pressekonferenzen die Perücke vom Kopf und legte sie auf den Tisch. Das Zeichen ihrer Verwundbarkeit wurde zur Waffe. »Es ist extrem schwierig, mit einer glatzköpfigen Lady rauh zu sein«, klagte ein hartgesottener Nordirland-Politiker. Im Unterschied zu Wählerinnen, die diesen stolzen Umgang mit der Glatze wohlwollend zur Kenntnis nahmen, sahen die konservativen Vertreter des »old-boys-network«, das auch in die Labour Party hineinwirkte, darin einen Bruch der Etikette und arbeiteten angestrengt an der Ablösung der erfolgreichen Ministerin. Anstatt zu höheren Ehren kam Englands beliebteste Politikerin in die Rente.

Mowlams ästhetische Grenzüberschreitung wurde als Schicksalsbewältigung toleriert. Offener Anfeindung setzen sich aber die meisten Frauen aus, die sich ohne medizinischen Zwang kahlscheren lassen. Liz Taylor erfuhr als Patientin Mitleid, die irische Sängerin Sinead O'Connor rückte sich dadurch an die Peripherie der Populärkultur – daß sie dennoch Berühmtheit erlangte, geschah eher trotz der Skinhead-Glatze und nicht etwa wegen ihr. Behaftet mit dem Stigma des sexuellen Abweichlertums und klassifiziert als Radikalfeministinnen, werden glatzköpfige Frauen in die Tradition von Vorurteilen gestellt, die ehedem vorrangig rothaarigen Frauen galten. Die Bedrohung und der Reiz, den diese Frauen auf Männer ausüben, läßt sich zum Beispiel an Grace Jones erkennen, deren Glatze sie cineastisch zur ultimativen Kampfmaschine macht. Eine ähnliche Funktion erfüllt Sigourney Weaver in der *Alien*-Trilogie. Sie vermännlicht von Folge zu Folge; äußerlich zeigt sich dies an den immer kürzeren Haarschnitten bis hin zur Stoppelglatze. In der dritten Folge schließlich ist sie nicht mehr als Frau oder Mann erkennbar – ein androgynes Wesen.

Hollywoods Glatzen

Insbesondere Männer, die im Rampenlicht der Öffentlichkeit stehen, versuchen ihren als Mangel empfundenen Haarschwund mit allen möglichen, zum Teil auch lächerlich wirkenden Hilfsmitteln zu verbergen. Die in den siebziger Jahren ausgestrahlte US-Fernsehserie *Einsatz in Manhattan* brach durch die von Telly Savalas dargestellte Rolle des Detektivs Kojak erstmals mit dem negativen Klischee des Glatzköpfigen als Piraten, kriminellen Bösewichts, Nazi oder Psychopathen, wie es durch die Figur des Dr. Who oder des Goldfinger in *James Bond* verkörpert worden war.

Zwar gehört die Gleichsetzung des Glatzköpfigen mit dem Abnormalen und Bösen bis heute zu den Sterotypen der Filmindustrie, – jedoch gibt es seit einiger Zeit auch sympathische Glatzköpfe wie die Figur des Captain Picard in der Science-Fiction-Serie *Star Trek*.

Telly Savalas' Entscheidung zur Kahlköpfigkeit stand in unmittelbaren Zusammenhang mit der negativen Stereotypisierung. Er hatte sich 1965 für die Rolle des Pontius Pilatus in *Die größte Geschichte aller Zeiten* kahl rasieren lassen müssen. Seine Rolle bezeichnete er später als »gräßlichen Fehlschlag«, doch sein Aussehen auf dem Bildschirm gefiel ihm und wurde fortan zu seinem Markenzeichen – inmitten von Schauspielern mit vollem und gesundem Haar. In den darauffolgenden Jahren wurde er zur Ikone eines neuen Bildes von Männlichkeit und erlangte eine Popularität, die seine Bedeutung als Schauspieler bei weitem übertraf. Savalas war der erfolgreichste Propagandist dafür, daß Potenz und Haarfülle in keinem unmittelbaren Zusammenhang stehen müssen. Allerdings hat konträr zu dem damit widerlegten Vorurteil schon immer auch die Auffassung existiert, wonach Glatzköpfigkeit die erotische Anziehungskraft verstärkt. Der aus Österreich stammende und in der Zwischenkriegszeit in Hollywood tätige Erich von Stroheim äußerte sich gegenüber den puritanischen US-Medien dazu offenherzig. Befragt nach seinem Erfolgsgrund bei Damen antwortete der von der Natur mit einer Glatze ausgestattete Regisseur unumwunden: »Wahrscheinlich, weil i so ausschau wie a Zumpferl.«

Dennoch bildeten er, Savalas und Yul Brynner Ausnahmeerscheinungen im allseits erstrebenswerten Männlichkeitsbild, wie es

Hollywood bevorzugt inszenierte. Brynner, mit der Rolle des kahlköpfigen Königs von Siam im Film *The King and I* zu internationalem Ruhm aufgestiegen, blieb fortan auf sein Aussehen in dieser Rolle festgelegt, ob er nun einen despotischen ägyptischen Pharao oder einen schießwütigen Westernhelden verkörperte. Seine Glatze unterstrich seine exotische Abstammung als Kind russisch-mongolisch-schweizerischer Eltern.

Dem Beispiel von Savalas und Brynner folgten daher in den nächsten Jahrzehnten nur wenige Schauspieler mit internationalem Bekanntheitsgrad. Sogar Sean Connery hatte sich den eisernen Regeln der amerikanischen Traumfabrik zu unterwerfen und ein Toupet zu tragen, als sein natürliches Haar auf einen Haarkranz zusammengeschmolzen war. James Bond durfte nicht erkahlen, er mußte sich von seinen zahlreichen Gegnern wie dem dicken Glatzkopf Goldfinger klar unterscheiden.

Der Traditionalismus der Filmindustrie mit ihrer Illusion von ewiger Jugend und Vitalität wurde von einer anderen Seite her durchbrochen – von den Sportlern. Bei ihnen symbolisiert die Glatze nämlich Aggressivität und körperliche Durchsetzungskraft. Trendsetter der Glatzköpfigkeit waren nicht allein Boxer wie George Foreman, sondern vor allem die vor einem Millionenpublikum agierenden Fußballspieler. Der englische Fußballer David Beckham inszenierte sich im Verlauf seiner Karriere bewußt mehrmals sehr unterschiedlich und erfand sich jedes Mal neu. Den Schritt hin zur Glatze tat er nach einer Phase, in der er insbesondere als Schöngeist und Kulturinteressierter wahrgenommen werden wollte, was ihn mit der Aura der Homosexualität umgab und in Widerspruch zur Rauhbeinigkeit des englischen Fußballs und seiner proletarischen Fans brachte. Kahlköpfig stellte er sich auf eine Stufe mit den Zuschauern, deren Männlichkeit nicht bezweifelt wurde. Um sich jedoch gleichzeitig von diesen Männern abzuheben, vergaß seine PR-Maschinerie nie, darauf hinzuweisen, daß der rasch zur Mode gewordene »Beckham-Schnitt« 330 Euro gekostet habe. In den meisten englischen Friseurläden kostet er 10 Euro. Durch diese Elitisierung entzog sich Beckham geschickt der Vereinnahmung durch Skinheads. Dem Bayern-München-Spieler Carsten Jancker gelang diese Distanzierung nur mit Mühe. Sein auf Seriosität bedachter

Verein unternahm große Anstrengungen, Janckers Glatze zu entpolitisieren. Der Ausweg bestand in der Erotisierung der Person. Gelegenheit dafür bot die WM in Japan. Zeitungsbilder mit der wenig zweideutigen Unterschrift »Ist alles so glatt und groß an ihm?« trugen zu dieser gewünschten Verschiebung des Bildes in der Öffentlichkeit bei.

Staatshäupter

Hollywood formuliert nicht erst seit Ronald Reagan auch in der Politik die Spielregeln für Erfolg und Mißerfolg beim medialen Auftreten. Das sukzessive Aufbrechen der Grenzen zwischen den politischen Lagern geht damit einher, daß Styling an die Stelle von Inhalten gesetzt wird und die Inszenierung von Einzelpersonen im Mittelpunkt steht. Es geht nicht mehr um die Frage nach legitimen politischen Interessen, sondern darum, wer am besten Gefühle zu manipulieren weiß. Besonders in Großbritannien und in Spanien ist, zumindest nach der Analyse von Politikberatern und Meinungsforschern, volles Haar Grundpfeiler für die Zustimmung beim Wahlvolk, vor allem bei den Wählerinnen. Aber auch im arabischen Raum gilt noch immer die Gleichsetzung von Männlichkeit und vollem Haupthaar. Dies ist sicherlich mit ein Grund dafür, daß sich der ergrauende Palästinenserführer Arafat nie ohne sein charakteristisches Tuch ablichten läßt.

Ausnahmen bestätigen freilich die Regel, deren Gültigkeit auch in anderen westlichen Demokratien nachgezeichnet werden kann. So gelang es dem kahlköpfigen SPD-Politiker Walter Momper, in das Amt des Oberbürgermeisters von Berlin gewählt zu werden, und auch der PDS-Repräsentant Gregor Gysi reüssierte in Berlin nicht allein durch seine markante Rhetorik, sondern sicher auch aufgrund seines unorthodoxen glatzköpfigen Aussehens. Der ehemalige US-Navy-Seal-Soldat und Profi-Catcher Jesse Ventura, der einst den Beinamen »The Body« trug, gelangte als unabhängiger Kandidat im US-Bundesstaat Minnesota in das Amt des Gouverneurs. Auch der charismatische niederländische Parteigründer Pim

Fortuyn fiel durch sein Styling auf, bei dem die Glatze ein markantes Zeichen war. Fortuyn ließ sich seine Glatze jeden Morgen von seinem Leibfriseur glätten, wie er den Medien bereitwillig Auskunft gab. (Er ist damit in seiner öffentlichen Präsentation einen Schritt weiter gegangen als der Verkleidungskünstler Jörg Haider, der durch die ständige Veränderung seines Aussehens der Inszenierung von Politik in Österreich eine neue Qualität verliehen hat. Freilich wäre mit einer Glatze für Haider, der auf Jugendlichkeit setzt, ein gewisser Endpunkt erreicht. Das Auftauchen von grauen Haaren übertüncht er jedenfalls noch recht geschickt.) Eine inzwischen lang anhaltende politische Karriere ist hingegen dem italienischen Ministerpräsidenten Silvio Berlusconi vergönnt, der einen sehr hohen Scheitel trägt.

Der letzte Glatzenträger in der österreichischen Bundespolitik amtierte noch in der Zeit, als das Fernsehen nur eine untergeordnete Rolle spielte. Bundeskanzler Klaus schied 1970 aus dem Amt. Seither können die Medien nur über das kahl gewordene Haupt des niederösterreichischen Landeshauptmannes (= Ministerpräsident) Erwin Pröll berichten, und sie tun es ausgiebig. Nur einmal nahm ein politischer Gegner dieses Kennzeichen des Christdemokraten zum Anlaß, ihn zu verspotten. So wurde der Kurzzeit-Verkehrsminister und FPÖ-Politiker Michael Schmid in der Regenbogenpresse mit den Worten zitiert: »Ich verstehe nicht, wie sich Klasnic [Landeshauptfrau der Steiermark] und Pröll beim Semmeringtunnel so in die Haare geraten konnten ... (kurze Nachdenkpause) ... ha, ha. Ich glaube, da gibt's bessere Vergleiche.« Die Erwiderung kam prompt. Pröll reagierte launig: Schmid möge ihm angesichts seines schütteren Haarwuchses vorzeigen, »wie man ihm etwas in die Haare schmieren kann«. Damit war allerdings der Streit schon beendet, ohne Wellen im Feuilleton geschlagen zu haben.

Heftiger wurde hingegen in Deutschland über eine Äußerung des Grünen-Politikers Jürgen Trittin diskutiert. Dieser hatte in Anspielung auf das mangelnde Haupthaar des CDU-Generalsekretärs Laurenz Meyer gemeint, Meyer sehe nicht nur wie ein Skinhead aus, sondern habe auch eine solche Mentalität. Trittin bezog sich auf Meyers Aussage, er sei stolz, ein Deutscher zu sein. Es begann eine Rücktrittsdiskussion, die Trittin in seinem Amt aussaß.

Der Brite Ian Duncan Smith sah sich hingegen in der Öffentlichkeit weniger wegen seiner politischen Positionen kritisiert als vielmehr nur ob seiner Glatze. »A bald man can never again lead the Conservative Party«, hatte der *Guardian* lakonisch bemerkt.

Englische Chronisten vertieften diese Aussage, indem sie darauf hinwiesen, daß seit Winston Churchill kein glatzköpfiger Kandidat in das Amt des Premiers gelangt sei. Churchill hatte seinen Einzug in Downing Street damals dem Sieg über den gleichfalls haarlosen Labour-Politiker Clement Attlee zu verdanken. Alan Watkins, Kolumnist der britischen Tageszeitung *The Independent*, vertrat die Meinung, daß britische Wähler im Zweifelsfalle immer den »gelockten« Kandidaten als den attraktiveren bevorzugen würden. Ähnlich Smith sah sich auch ein anderer hoffnungsfroher Kandidat um den Parteivorsitz der britischen Konservativen, William Hague, in seinen Bemühungen um dieses Amt der Ablehnung ausgesetzt, die Kahlköpfigen auf der Insel entgegenschlägt. Aber nicht nur die Wähler in Großbritannien reagieren verhalten auf die Kahlköpfigkeit von Kandidaten. Wahlforscher sahen in Joaquin Almunis schütterem Haarwuchs mit einen Grund seiner Niederlage gegenüber dem konservativen José Maria Aznar bei den spanischen Wahlen. Aus einer Umfrage meinte man ablesen zu können, daß die Spanier einen Politiker mit einer dichten Haarpracht nicht nur für attraktiver, sondern auch für fähiger, intelligenter, dynamischer und vertrauenswürdiger halten als einen Kandidaten mit schütterem Haupt.

Umfragen in den USA zeigen ein ähnliches Bild. Politiker dürfen weder Glatze noch Bart aufweisen. Diesem Diktat unterwarfen sich (fast) alle der 17 amerikanischen Präsidenten des 20. Jahrhunderts. Seit dem letzten Schnurrbartträger, William H. Taft, blicken uns in ununterbrochener Reihe 15 Männer ohne Bart an. Das »Glatzen-Verbot« ist nur durch Eisenhower, einen ehemaligen General, in den fünfziger Jahren gebrochen worden. Während fünfzig Prozent aller US-Männer im Alter der Politiker bereits eine deutlich reduzierte Haarfülle aufweisen, sind es im Kreis der Politiker selbst lediglich achtundzwanzig Prozent, zumindest wenn man ihren offiziellen Bildern Glauben schenkt.

Vollkommen anderen Anforderungen scheint die Haarmode der Politiker in der Sowjetunion und ihren Nachfolgestaaten zu unterliegen. Seit 1917 folgte in der UdSSR auf einen Staatschef mit vollem Haarwuchs stets ein glatzköpfiger Politiker. Erst Wladimir Putin unterbrach diese Abfolge.

Sein Erscheinungsbild entspricht allerdings in fast keinem Punkt dem Wunschbild eines Kandidaten. Laut einer Umfrage der Zeitung *Argumenty i Fakty* sollte der ideale Kandidat weder eine Glatze wie Lenin oder Chruschtschow noch einen Schnurrbart wie Stalin haben. Ein Vollbart nach dem Vorbild von Marx und Engels sei auch nicht gefragt, ebensowenig Kleinwuchs und Rundlichkeit wie bei Gorbatschow; dunkler Teint à la Breschnew sei ebenfalls passé. Stattlichkeit, vornehme Blässe, Glattrasur, dezente Kleidung, spärliche Gestik, prägnanter Redestil – so lautet vielmehr das neue Idealbild eines russischen Politikers. Unbekümmert von diesen Überlegungen regiert seit 1994 der frühere Kolchosenfunktionär Alexander Lukaschenko Weißrußland mit eiserner Hand. Schnauzbärtig und die Glatze mit Haarresten überscheitelnd, setzt er die Maßstäbe. Wahre Macht bestimmt die Ästhetik selbst.

Personenregister

A
Abraham 30
Adam von Bremen 31
Adams, Victoria 64
Adler, Ernst 67
Aldrovandi 34
Alexander der Große 20
Alexander II. (Papst) 22
Alfred der Große (König) 117
Allah 30
Almuni, Joaquin 132
Anhalt, Agnes Hedwig von 47
Antonius 93
Aphrodite 111
Apoll 112
Arafat, Yassir 15, 130
Arielle 104
Aristoteles 121
Asterix 41
Atatürk, Mustafa Kemal 27, 106f
Attlee, Clement 132
Augustinus 21
Aznar, José Maria 132

B
Barker, Lex 54
Bartl, Grete 34
Beatles 56, 87
Beatty, Warren 88
Bebel, August 10

Becker, Boris 91
Beckham, David 64, 87, 129
Berlusconi, Silvio 131
Bernhard von Clairveaux 95
Blair, Cherie 63, 86
Blair, Tony 8, 63
Blocher, Christoph 14
Bond, James 128, 129
Bornemann, Ernest 43, 44
Borst, Arno 22
Botticelli, Alessandro 100
Bowie, David 56
Brando, Marlon 87
Breschnew, Leonid 133
Brown, Gordon 64
Brynner, Yul 54, 128, 129
Bush, Barbara 86

C
Cäsar, Julius 41, 93, 96, 121
Caligula 96
Calvin, Johannes 24
Captain Picard 128
Casanova, Giacomo G. 37, 79
Castro, Fidel 8
Charon 19
Che Guevara 8
Childebert I. 117
Childerich III. 118, 119
Chlodovald 117
Chlodomer von Orléans 117
Chlodwig I. 117, 118

Chlothar I. 117
Chlothilde 117f
Christus 99
Chrodechild 117
Chruschtschow, Nikita S. 133
Churchill, Winston 132
Cicero 96
Clemens VII. (Papst) 23
Clinton, Hillary 86, 109
Clooney, George 125
Connery, Sean O. 55, 129
Cranach, Lukas 100
Crassus 96
Cromwell, Oliver 75
Crowe, Russel 38

D
Das Sams 104
Daphne 112
David (König) 17
Day, Doris 90
Depp, Johnny 7, 15
Diana (Prinzessin) 86
Disney, Walt 104
Dix, Otto 103
Don Camillo 9
Don Juan 37
Dostojewski, Fjodor 92
Dr. Who 128
Draskovic, Vuk 13
Duce 55
Dürer, Albrecht 100

E
Edgar (engl. König) 21
Edward IV. (engl. König) 73
Eisenhower, Dwight D. 132
Eleonore von Aquitanien 94f

Elisabeth I. (engl. Königin) 58, 100
Elisabeth von Österreich (Kaiserin) 80
Engels, Friedrich 8, 133
Enkidu 115
Erik der Rote 97
Erikson, Leif 97
Ettys, William 49

F
Farrow, Mia 64
Ferguson, Sarah 94
Feuerfuchs, Titus 100
Fischer, Joschka 9
Fischler, Franz 13
Foreman, George 129
Fortuyn, Pim 131
Franz Joseph (österr. Kaiser) 80
Friedrich Barbarossa (dt. Kaiser) 19, 98, 117

G
Geiler von Kaisersberg 68
Gernreich, Rudolf 108
Gertrude 119
Gilgamesch 114, 115
Goldfinger 128, 129
Gonsalvus, Petrus 33
Gorbatschow, Michail 133
Gorgo 36, 112
Goldwyn, Sam 92
Gottschalk, Thomas 52
Goya, Francisco de 49
Grant, Hugh 52
Gregor IX. (Papst) 22
Gregor von Tours 117

Grimm, Gebrüder 37
Grosz, George 103
Gunthar 117
Gusenbauer, Alfred 8
Gysi, Gregor 130

H
Hades 18
Hadrian (röm. Kaiser) 20
Hague, William 132
Haider, Jörg 14, 131
Heine, Heinrich 111
Heinrich II. (engl. König) 72, 95
Heinrich III. (franz. König) 46
Heinrich VIII. (engl. König) 26, 73, 100
Heinrich von Morungen 60
Heilige Kümmernis 36
Hephaistos 18
Hera 111
Hestia 111
Heston, Charlton 54
Hieronymus 21
Hippokrates 31
Hitler, Adolf 13, 99
Honecker, Erich 10
Ho Tschi Minh 8
Hucbald von St. Armund 123
Hunt, William Homan 101

I
Itta 119

J
Jancker, Karsten 129, 130
Jaruzelski, Wojciech W. 10
Jesse Ventura 130

Johann I. Ohneland 95
Johannes der Täufer 32
John, Elton 125
Jones, Grace 127
Joseph 18
Julius II. (Papst) 23

K
Karl Borromäus 23
Karl der Dicke (röm. Kaiser) 123
Karl der Einfältige 123
Karl der Große (röm. Kaiser) 119, 123
Karl der Kahle (röm. Kaiser) 122, 123
Karl II. 122f
Karl XII. (König von Savoyen) 34
Katharina die Große (russ. Kaiserin) 27, 47
Kautsky, Karl 10
Kaye, Danny 92
Kennedy, Jacqueline 82
Kissinger, Henry 66
Klasnic, Waltraud 131
Klaus, Josef 131
Kleopatra 93, 94
Klima, Viktor 65
Klimt, Gustav 49, 103
Knox, John 24
König Drosselbart 37
König von Siam 129
Kominsky, Daniel 92
Kramer, Hubsi 14
Kaut, Ellis 104

L

Lantse, Walter 104
Lassalle, Ferdinand 10
Laun, Andreas 25
Lenin, Wladmir I. 8, 133
LePen, Jean-Marie 14
Lingens, Ella 109
Lipponen, Paavo 8
Liutprand 119
Lorelei 111
Ludwig XIII. (franz. König) 75, 123
Ludwig XIV. (franz. König) 72, 76, 123
Ludwig XV. (franz. König) 77
Lukaschenko, Alexander 133
Lundgren, Dolf 57
Luther, Martin 23, 24

M

Madelson, Peter 64
Madonna 49
Mair, Gerhard 84
Manet, Edouard 101
Marcus Caelius Rufus 96
Margaret von England 82
Maria Theresia 79
Martell, Karl 119
Marx, Karl 8, 133
Mathilde von Belgien 87
May, Karl 29
Mautner-Markhof (Familie) 14
Mazarin, Jules 23
McDonald, Ronald 91
Medici, Katharina (franz. Königin) 46f
Medusa 112
Meurent, Victorine 102

Meyer, Laurenz 131
Michelangelo 47
Millais, John Everett 101
Mohammed 28, 29
Momper, Walter 130
Montaigne, Michel de 46
Moshammer, Rudolph 14
Moses 54
Mowlam, Mo 126, 127
Müller, Rosine Marguerite 34

N

Napoleon III. (franz. Kaiser) 14, 79
Nero (röm. Kaiser) 41
Nestler, Karl 83
Nestroy, Johann 100
Nijasow, Saparmurat Atajewitsch 65

O

Obelix 41
Obuchi 65
O'Connor, Sinead 127
Oger 36
Onassis, Jaqueline 86
Osiris 92, 96
Otto III. (dt. Kaiser) 19
Otto von Habsburg 15
Ovid 41, 42, 112

P

Paciotti, Larry 60
Pankhurst, Emmeline 90
Paré, Ambroise 32, 72
Pastrana, Julia 35
Paul III. (Papst) 23
Peppone 9

Perrault, Charles 37
Peter I. von Rußland (Zar) 26, 27
Petrus 21, 121, 122
Pilatus, Pontius P. 128
Pippi Langstrumpf 103
Pippin 118, 119
Pit, Brad 38
Poppea (Kaiserin) 41
Poseidon 18, 116
Presley, Elvis 87
Pröll, Erwin 131
Prock, Markus 8
Publius Sculpius Rufus 96
Pumuckl 104
Putin, Wladimir 133

Q
Quandt, Mary 133

R
Raffael 101
Ramses 54
Ramses II. 93
Reagan, Ronald 130
Reynolds, Burt 55
Richard Löwenherz 95
Richards, Anne 86
Richelieu, Armand J. 23
Riefenstahl, Leni 55
Ritter Blaubart 37
Ritter Ruotlieb 95
Rodman, Dennis 87
Rolling Stones 55
Rossetti, Dante Gabriel 101
Roth, Joseph 91
Rudolf II. 33
Rufus, William 95

S
Simson 114, 115
Sandow 56
Savallas, Telly 128, 129
Schiele, Egon 49
Schmid, Michael 131
Schröder, Gerhard 8, 65
Schueller, Eugen 83
Schwarzenegger, Arnold 57
Sima, Kaspanaze 8
Smith, Ian Duncan
Solschenizyn, Alexander 13
Sommer, Elke 90
Sulla 96
Stalin, Josef 9, 133
Stallone, Sylvester 57
Stephan II. (Papst) 119
Stroheim, Erich von 128
Stoiber, Edmund 65
Stuart, Maria 94
Swayze, Patrick 56

T
Taft, William H. 132
Taylor, Liz 127
Thatcher, Margaret 65, 86
Teufel 25
Thanatos 115, 116
Theodobald 117
Thierse, Wolfgang 10
Thor 97
Tizian 100
Torberg, Friedrich 39
Toulouse-Lautrec, Henri 102
Travolta, John 7, 56
Trittin, Jürgen 9, 131
Trotzki, Leo 8
Tschechow, Artun 92

U
Ulbricht, Walter 10
Urster, Barbara 34

V
Vidal Sasson 64, 84, 85
Villeneuve, Jacques 87

W
Waits, Tom 7
Walesa, Lech 10, 11
Walters, Barbara 8
Walz, Udo 84, 85
Watkins, Alan 132
Weaver, Sigourney 127
Weismüller, Johnny 54
Wernher von Gartenaere 119
Wilder, Billy 52
Wilhelm II. (Kaiser) 14
William, Prinz 125
William der Eroberer 95
Winckelmann, Johann Joachim 55
Woodpecker, Woody 104

X
Xerxes 116

Z
Zeus 18
Zora, die Rote 103, 104

Sachregister

A
Abbrennen 17, 41
Achselhaare 41f
Afghanistan 28f, 57
Ägypten 18, 39, 41, 92f, 95f
AIDS 56
Augenbrauen 58–60
Alemannen 97, 116
Alien 127
Altes Testament 17f, 27, 30, 107, 114f, 121
Altorienalische Gemeinschaften 25
Amerika 53f, 63, 76
Amisch 27, 105
Ancien Régime 10
Androgynität 30, 44, 108, 127
Angeln 116
Antike 18f, 21, 31, 42, 66, 70, 112f, 115
Antisemiten 91, 99
Apotheke 124
Armenierinnen 91
Asketen 22
Auschwitz 109
Archetypus 112

B
Bader 70–74
Bademeister 68
Badestube 45, 68
Bakterien 50

Barbaren 20
Barber Shop 66, 82
Barbier 28, 68ff
Barock 100
Bart 7–38
Bärtige Frauen 28, 30, 32–34
Bartlosigkeit 8, 19ff, 25, 70, 75
Bartsteuer 26, 27
Bataver 97
Berlin 84, 44
Beatles 55, 87
Beauty shop 66
Beinhaar 51
Beinrasur 41, 51
big hair 86–88
Biofrisur 83–86
Biedermeier 8
blond 58, 90f, 94, 96, 100
Brustfilme 54
Bubikopf 89
Bodybuilding 53, 56
Buchenasche 97

C
China 24, 45
Chirurgen 72ff, 124f
Christus 67, 99
Coiffeur 67
College Students 66

D
Damenbart 30ff, 43

Dampfbad 27, 45
Demokratenbart 10
Deutschland 10, 13f, 65, 72, 103, 125, 130
Die Linke 8, 9, 10, 11
Dirty Dancing 56
Drag King 36
Drag Queen 60
Dreitagebart 8, 29
Dziwozony 99
Dauerwelle 82f

E
England 21, 30, 35, 58, 63, 80, 94, 125f, 130, 132
Enthaarung 36, 39ff, 53ff, 73, 75, 100
Eremiten 22

F
Färben 58, 64f, 90ff
Femme fatale 99, 103
Finnland 68
Föhn 85
Franken 119, 122
Frauenbewegung 50, 53, 89f, 127
Frankreich 46, 72, 75f, 95, 123
Freikörperkultur 55
Friseur 63ff
Frisiersalon 63–88
Frisiertisch 81, 83
Frühmittelalter 70, 117

G
Gallier 41, 96
Georgierinnen 91
Germanen 20, 96f, 116f

Gillette 7, 8, 12
Glattrasur 11, 13, 16, 18, 23, 29, 41ff, 57, 133
Glatze 121–133
Griechenland 18f, 41, 48, 116

H
Haarausfall 123, 125f
Haardesigner 67
Harem 44
Haarersatzteil 73f
Haarpflegeprodukt 124f
Haarstylist 67
Haarverpflanzung 125f
Haarwuchs 31, 124
Hollland 58, 130f
Habsburger 79
Haube 105–111
Henna 90
Herrenfriseur 68
Hexen 99–104
Hitlerbart 13
Hochmittelalter 19, 74
Hollywood 7, 15, 38, 53, 55, 57, 88, 92, 125, 128–130
homosexuell 10, 56f, 61, 75, 88
Hormone 31
Hutterer 105
Hygiene 12, 18, 50, 74
Hypertrichosis 31ff

I
Iran 29, 37ff
Iren 92
Irland 92
Islam 17, 29f, 44, 45, 105ff
Israel 17
Italien 55, 68, 131

J
Japan 49f, 65, 87
Jude, jüdisch 17, 91f, 99
Judentum 18, 107, 114f, 116
Jesuiten 24

K
Kahlköpfigkeit 29, 74, 107f, 125, 127, 132
Kamaldulenser 24
Kapuziner 24
Karolinger 118f.
Katholische Sozialethik 11
Kleriker 21–28, 72, 123
Konsumgeist 7, 38, 49, 124
Kopftuch 29, 126
Körperbehaarung 39–61
Koran 28, 30
Kunsthaar 18, 60, 123f
Kurtisane 101

L
Laien 26
Lakeien 79
Langobarden 20, 116, 119
Locke 77, 82f, 94, 114, 115, 122
L'Oréal 83, 91

M
Maccaronis 77
matchgirl strike 126
Madonna 49
Marine Corps 12
Meerjungfrauen 104, 111
Meier Helmbrecht 120
Merowinger 117, 118f
Mittelalter 70, 74, 105, 110, 122f
Miami Vice 8

Mönch 21f, 70, 72, 108, 118
Mormonen 28
Minnesang 95
München 84

N
Neues Testament 115
Nonne 72, 108f
Normannen 97

O
Oger 36
Osmanisches Reich 44
Österreich 8, 14, 25, 65, 80f, 125, 131
Orthodox 17, 25, 27, 107, 109
Ondulation 83
Operation »After-shave« 10

P
Perserinnen 91, 116
Perücke 75–82, 94, 100, 123f, 125
Pharaonen 18
Polen 10f
Pornographie 48f., 57
Präraffaeliten 100f
Priester 20, 70, 108
Professorenbart 10

R
Rauschebart 8
Rasierklinge 7, 22, 84
Rasur 17–20, 22, 45, 70, 82, 108, 115
Renaissance 23f, 47, 58, 60, 32, 100
Revolutionär 8, 9, 38

Rom 20, 24, 41, 48, 58, 70, 95, 116
rothaarig 19, 89–104
rothäutig 25
Roundheads 75
Rückenhaar 57
Rus 92
Russland 13, 26f, 38, 47, 91f, 132

S

Saudia-Arabien 130
Saturday Night Fever 56
Schere 17, 117
Schleier 29, 105–111
Schnauzbart 9, 13, 16
Schnellfriseur 69
Schnurrbart 10, 16, 41, 132f
Schottland 92, 101
Sikh 30
Skandinavien 97
Soldatentypus 12
Skinheads 14
Sowjetunion 9, 91, 132
Spanien 130, 132
Suffragetten 90
Skalpieren 115

T

Taliban 28f
Terror der Intimität 69
Terror der Technik 69
Teufel 25
Tonsur 21, 118f
Toupet 123ff
Travestie 47
Türkei 27, 106

U

USA 9, 11, 38, 41, 53, 66, 85, 92, 101, 124, 130, 132

V

Viagra 124
Vollbart 8, 13, 16ff., 27, 38, 133
Vollmondfrisieren 84
Vulva 43, 48, 50
Vatikan 109

W

Wasserstoffperoxyd 89
Wahhabismus 29
Wetten, daß 52f
Wikinger 97
Werwolffrauen 31
Weißrußland 133
Weltkrieg 11, 13, 50, 87, 99, 109
Wimpern 60f.
Witwenschleier 110
Wolfsfrauen 31–37

Z

Zeugen Jehovas 28
Zigeuner 92

Literatur

CONRAD, BARNABY, III.: *The Blonde. A Celebration of the Golden Era from Harlow to Monroe*. San Francisco: Chronicle Books 1999.

DOUGLAS, Stephen: *The Redhead Encyclopedia*. Newport Beach: Redheads International 1996.

EILBERG-SCHWARTZ, Howard, und Wendy DONIGER (Hgg.): *Off with her head! The Denial of Women's Identity in Myth, Religion, and Culture*. Berkeley-Los Angeles: The University of California Press 1995.

FAYET, Roger (Hg.): *Haare – Obsession und Kunst*. Ausstellungskatalog Museum Bellerive. Zürich: Museum für Gestaltung 2000.

FLOCKE, Petra, Imken LEIBROCK und Regina NÖSSLER (Hgg.): *Haare. Essays, kleine Erzählungen und Impressionen*. Tübingen: Konkursbuch-Verlag 1999.

HANNOVER, Irmela: *Frauen mit roten Haaren*. Berlin: Aufbau Verlag 1998.

HIGGS, David (Hg.): *Queer Sites. Gay Urban Histories Since 1600*. London: Routledge 1999.

MCCRACKEN, Grant: *Big Hair. Der Kult um die Frisur*. München: dtv 1997.

PHILLIPS, Kathy: *The Vogue Book of Blondes*. London: Pavilion Books 1999.

PINFOLD, Wallace G.: *A Closer Shave. Man's Daily Search for Perfection*. New York: Artisan Books 1999.

STOLZ, Susanna: *Die Handwerke des Körpers. Bader, Barbier, Perückenmacher, Friseur. Folge und Ausdruck historischen Körperverständnisses*. Marburg: Jonas Verlag 1992.

WARNER, Marina: *From the Beast to the Blonde. On Fairy Tales and their Tellers*. London: Vintage Books 1995.

Nachweis der Bildrechte

S. 33 © Kunsthistorisches Museum Wien
S. 81 © Gabrielle Gräfin Seefried
S. 103 © Ingrid Nyman / Saltkråkan AB
S. 112 © Kunsthistorisches Museum Wien

Für die freundliche Abdruckgenehmigung danken wir allen Rechteinhabern. Leider konnten nicht alle ermittelt werden. Wir bitten Sie, sich gegebenenfalls beim Eichborn Verlag zu melden.

»Ein schlau-bizarres Buch.« *Focus*

Matthijs van Boxsel
Die Enzyklopädie der Dummheit
Aus dem Niederländischen
von Anne Fritz Middlehoek
192 Seiten · geb. mit SU
€ 24,90 (D) · sFr 46,–
ISBN 3-8218-1596-5

Von den sagenhaften Schafsköpfen wie König Midas und dem Zyklopen über die begnadete Gemeinde, die einen Kirchturm erbauen ließ, aber vergaß, ihn mit einer Treppe auszustatten, bis hin zu patzenden Comicfiguren ...

In einem hochvergnüglichen wie grundgelehrten Streifzug durch die Jahrhunderte hat Matthijs van Boxsel in seiner Enzyklopädie alles Erdenkliche über das urmenschliche Phänomen der Dummheit zusammengetragen. Dabei begnügt er sich nicht damit, den ganz alltäglichen Irrsinn zu entlarven, sondern zeigt auch, wie der Fortschritt von Fehlgriffen und Mißgeschicken profitiert und wie sehr unsere Gesellschaft auf die Ignoranz und Gutgläubigkeit ihrer Bürger angewiesen ist.

»Entstanden ist ein ebenso gelehrtes wie launiges Buch, eine Sammlung spitzfindiger Essays, welthaltig und reich an kuriosen Details.« *Vogue*

www.eichborn.de   EICHBORN▸BERLIN

»Ein schier unerschöpfliches Buch ...« *Die Zeit*

Lorraine Daston
Katharine Park
Wunder und die Ordnung der Natur
Aus dem Amerikanischen
von Sebastian Wohlfeil
und Christa Krüger
560 Seiten · geb. mit SU
€ 29,90 (D) · sFr 52,–
ISBN 3-8218-1633-3

Das Wunderbare – seit den siebziger Jahren sind Lorraine Daston und Katherine Park diesem schillernden Forschungsgegenstand nachgegangen. Der atemberaubende Streifzug beginnt bei un- und übernatürlichen Phänomenen in Topographien, Chroniken und anderen Schriften und reicht bis zur Stellung des Wunderbaren bei Medizinern, an Höfen, in der Religion und den Anfängen der Wissenschaft.

»Wer ... das Staunen liebt, dem sei dieses Buch empfohlen, von dem man sagen kann, dass es selbst ein kleines Wunder ist.« *die tageszeitung*

»Wo sonst dürften in der Forschung das Staunen, das Entsetzen und das Vergnügen bei der Arbeit der Vernunft mitreden? Ein Wissen, dem diese Leidenschaften abhanden kamen, ist nicht geheuer. Ein Buch, das dies zum Ausdruck zu bringen vermag, ein Genuß.« *Die Zeit*

www.eichborn.de   EICHBORN ▶ BERLIN